CB072874

Simplesmente Justo

Convite à Vida e Obra de
José Geraldo Rodrigues de Alckmin

Dante Marcello Claramonte Gallian

CLA editora

2005

Editor: Fabio Humberg
Assistente Editorial: Cristina Bragato
Capa e projeto gráfico: João Carlos Porto
Revisão: Fabio Zoppa

Dados Internacionais de Catalogação na Publicação (CIP)
(Câmara Brasileira do Livro, SP, Brasil)

Gallian, Dante Marcello Claramonte
    Simplesmenta justo : convite à vida e obra de José Geraldo Rodrigues de Alckmin / Dante Marcello Claramonte Gallian. -- São Paulo : Editora CLA, 2005.

Bibliografia.

    1. Alckmin, José Geraldo Rodrigues de, 1915-1978 2. Juristas - Biografia I. Título.

05-6103   CDD-923.4

Índices para catálogo sistemático:
1. Juristas : Biografia 923.4

Todos os direitos para a língua portuguesa reservados
Editora CLA Cultural Ltda.
Rua Coronel Jaime Americano 30 – salas 12/13 – 05351-060 – São Paulo – SP – Tel/fax: (11) 3766-9015 – e-mail: editoracla@editoracla.com.br
www.editoracla.com.br

Impresso no Brasil

Índice

Prefácio **5**
Introdução: Simplesmente Justo **9**
Capítulo 1: Raízes, Infância e Juventude **17**
   Os Rodrigues de Alckmin 17
   Infância 34
   A Formação Escolar 37
   Estudante de Direito 41
Capítulo 2: De Advogado a Juiz **55**
   Lutas de Um Advogado Recém-Formado 55
   Em Valparaíso 60
Capítulo 3: De Juiz a Desembargador **77**
   Vocação 77
   Juiz Substituto 79
   Juiz de Direito 94
   Juiz do Tribunal de Alçada 108
Capítulo 4: De Desembargador a Ministro **115**
   Um Magistrado e suas Idéias 115
   Um Homem "de Uma Peça Só" 126
   Um Homem Religioso 161
   Corregedor Geral da Justiça 174
Capítulo 5: Ministro do STF e Presidente do STE **183**
   Ministro do Supremo Tribunal Federal 183
   A Reforma do Judiciário 196
   Na Presidência do TSE 213
   Entrevistas e depoimentos 223

Prefácio

O livro que Dante redigiu sobre José Geraldo Rodrigues Alckmin faz justiça, desde o título, a uma das mais notáveis figuras da magistratura brasileira no século XX e um dos mais dedicados operadores do Direito de nossa história.

O título não poderia ter sido mais feliz e retrata o que eu sempre vi, desde que conheci a personagem central, como magistrado e ser humano. Retrata também o sentimento de todos, naquele jantar de homenagem pela sua indicação como ministro do Supremo Tribunal Federal a que compareci, ainda como jovem advogado, trilhando os primeiros caminhos da advocacia e do magistério universitário.

O livro é um relato, historicamente incensurável, sobre esta figura que decidia com justiça, tratava a todos com natural amabilidade e não procurava aparecer, senão quando rigorosamente necessárias as suas manifestações, jamais desventrando o teor de suas decisões por antecipação ou mesmo depois, com o objetivo de agradar à mídia ou a quem quer que fosse.

Para ele, o juiz falava nos autos. Fora dos autos, agia como um ser humano comum, tratando a todos como por todos gostaria de ser tratado, com o respeito necessário e a cordialidade própria de caminheiros temporários pelas estradas da terra.

Sempre que conversava com seus amigos mais íntimos, também meus amigos – Cunha Peixoto, Moreira Alves, Dínio de Sanctis Garcia, José Eduardo Coelho de Paula, Sydney Sanches e outros (alguns já falecidos) –, conversávamos sobre José Geraldo Alckmin, externando a mesma admiração, que aprendi a ter pelo ministro Alckmin, desde os primeiros tempos.

Não escondia, mas também não revelava, se fosse para atender a curiosidade alheia, suas convicções permanentes, de amor a Deus, à família e à sua missão, na terra. Como magistrado, professor, orientador de pessoas, foi inspirador de obras que têm sido úteis para o país, como o Centro de Extensão Universitária, onde chegou a dar aulas inaugurais.

Tudo era tão natural em Alckmin que, por seu exemplo, falava mais do que por suas palavras, embora estas fossem sempre justas, adequadas ao assunto e corretíssimas.

Lembrava pensamento do famoso livro do fundador da Universidade de Navarra: "Frei Exemplo é o melhor pregador". E, realmente, seu exemplo de seriedade, neutralidade e disponibilidade, para a família, amigos e pessoas que o procuravam, jamais será esquecido.

O livro conta, com a precisão histórica, que é a característica de Dante, a trajetória de semeadura para o futuro, trilhada por José Geraldo, desde as origens, infância e juventude, colégio e estudos superiores na USP, assim como na vida de advogado e de juiz, passando, depois, a juiz de alçada, desembargador, corregedor, ministro e presidente do STF, em todas as funções tendo sido exemplo a ser seguido por seus pares.

As sementes, que deixou na vida familiar, frutificaram na própria carreira de seus filhos, principalmente aqueles com que mantenho mais contato (Duda e Maucha), brilhantes intelectuais, como desejaria José Geraldo, o qual teve em sua esposa, recém-falecida, D. Anita, o apoio que lhe permitiu tal crescimento.

Alckmin foi uma inteligência justa, dedicada a servir a Deus e aos homens, e será lembrado, na história da magistratura brasileira, como diz o título do livro, como um homem "Simplesmente Justo", visto que a pena do historiador Dante fez de sua trajetória uma lição para os jovens que ingressam na área jurídica. De rigor, ao comentar a história de José Geraldo Alckmin, Dante, como bom historiador que é, tornou-se mais um "colecionador de alvoradas", aquelas alvoradas que auxiliam a descortinar um mundo melhor, como Alckmin desejava.

Ives Gandra da Silva Martins
Professor Emérito das Universidades Mackenzie e UNIFMU e da Escola de Comando e Estado Maior do Exército, Presidente do Conselho de Estudos Jurídicos da Federação do Comércio do Estado de São Paulo, da Academia Paulista de Letras e do Centro de Extensão Universitária – CEU

Introdução

Simplesmente Justo

Noite do dia 17 de novembro de 1972, sede do Círculo Militar de São Paulo. A Associação dos Advogados promovia uma cerimônia em homenagem ao mais novo membro do Supremo Tribunal Federal, recentemente empossado. Era o homenageado paulista, de Guaratinguetá, por isso a presença de dezenas de autoridades municipais e estaduais, inclusive o governador Laudo Natel. Todos muito contentes, todos muito orgulhosos.

Em meio às autoridades, juízes, desembargadores, políticos, um jovem advogado que começava a despontar na carreira observa tudo atentamente. Discursos, palavras elogiosas, "rasgações de seda", como sói ocorrer nestas ocasiões. Chamam a atenção do jovem advogado, entretanto, os modos modestos, singelos, do novo ministro. Transparecendo alegria, satisfação, sem dúvida, seus gestos e palavras denotam, porém, uma simplicidade quase desconcertante. E, sem contrastar com sua postura nobre, de cavalheiro, transparecia, graciosamente, um quê de caipira, de valeparaibano.

O homem baixinho, de terno e óculos de aros escuros, de tez morena e cabelos totalmente alvos, de olhos simpáticos e sorriso levemente maroto, olha, escuta, aquiesce, agradece. Tudo de forma leve, serena, como se tudo aquilo fosse uma simples festa de aniversário.

Chega a hora dos brindes, do jantar e, ao lado de sua senhora, come e aprecia a comida, a bebida, sem se deixar levar pelo clima de brilho e efusividade. Não representa, apenas é.

Na hora do discurso, palavras de agradecimento, de reconhecimento aos que o formaram, o ajudaram. Como se toda a sua carreira tivesse sido construída por outros e não por si mesmo.

Em seguida, algumas palavras sobre a consciência da sua responsabilidade, sobre o papel do Poder Judiciário, em especial do STF, diante do contexto social e político do país. São palavras precisas, quase tão singelas como ele mesmo; desprovidas de floreios, de recursos estilísticos – estas sim contrastantes com o tom dos outros discursos.

Terminado o discurso, dobra as folhas e volta a se sentar, deixando uma pontinha de desapontamento na maioria dos ouvintes, que consideram muito pouco e que gostariam de seguir ouvindo, não apenas pelas palavras, pelas imagens, mas também pelo som, pela música, levemente antiga, levemente caipira.

Tudo aquilo é necessário, ele sabe. Mas só ele sabe efetivamente o real peso, a real importância do motivo da homenagem. Para os outros, uma glória, um sucesso; para ele, mais um desafio, mais uma etapa numa longa carreira de muitas etapas e desafios.

Chama a atenção do jovem advogado a maneira como o homenageado deixa transparecer, sem intenção, a forma como interpreta tudo aquilo: o "sucesso", a "carreira", a "fama", a "missão", o "desafio"... Simplesmente como as coisas são; sem mais nem menos. Cada coisa, cada elemento em seu lugar, em seu justo lugar. Não denota soberba nem falsa humildade, simplesmente justeza. Algo difícil de se descrever.

Terminada a cerimônia, o homenageado sem mais delongas se retira. Entra no carro com a família e volta para casa, distante poucas quadras dali. Muitas mudanças ocorrerão, muitos desafios, trabalhos virão pela frente... Mas agora não é hora de pensar nisso. O novo ministro está cansado, com vontade de chegar logo em casa, seu lugar preferido. Poucos minutos depois está tranqüilamente lendo um romance policial.

Esta me pareceu a melhor caracterização de José Geraldo Rodrigues de Alckmin: simplesmente justo. Alguém que conseguiu conciliar, numa unidade de vida, virtudes não díspares, porque as virtudes todas se harmonizam, mas talvez virtudes longínquas e ao mesmo tempo complementares, como são a justiça e a simplicidade.

Conheci José Geraldo Rodrigues de Alckmin apenas quando me propuseram escrever esta biografia. O projeto nasceu de um homem das leis que não o conheceu pessoalmente, mas que sempre o admirou. Ficou batendo em diversas portas com o projeto nas mãos, até que finalmente alguém, a própria família, resolveu bancá-lo. Aí, pois, começava uma aventura que, para mim, foi motivo de tremendas descobertas e lições.

Com José Geraldo Alckmin comecei a entender coisas do universo jurídico que sequer suspeitava, pois minha formação se deu toda no terreno da história social e cultural. Ele foi meu biografado e também meu professor. Ensinou-me também como se pode conciliar trabalho, alegria, prazer e bom humor, mesmo no meio das situações mais difíceis. E como a fé e a piedade se coadunam com a picardia e a singeleza.

Estou falando de um homem que talvez tenha sido uma das figuras mais importantes na história do direito e da atividade judicante no Brasil. Uma cabeça privilegiada, formado na confluência dos mais puros princípios cristãos com as mais altas idéias humanistas. Inteligente, realista, rigoroso, honesto, trabalhador, José Geraldo Alckmin galgou uma carreira brilhante, deu contribuições importantes para o ordenamento jurídico nacional e lançou a base de uma série de reformas que ainda estão se realizando. É, entretanto, uma figura pouco conhecida.

Para além de todos os seus feitos, conquistas e realizações, considero sua biografia, sua história de vida, suas cartas, seus escritos, sua maneira de ser uma contribuição tão grande ou ainda maior do que a sua carreira. Porque hoje, mais do que nunca, de fato precisamos de exemplos. Mas não de exemplos intangíveis; de figuras hagiográficas. Precisamos de exemplos plausíveis, concretos, humanos. E eis aí um exemplo desses.

Ao longo destes dois últimos anos descobri a José Geraldo Rodrigues de Alckmin e posso dizer que muito aprendi com ele. Esta obra, que começou como uma encomenda, hoje a vejo como um convite. Um convite a conhecer e a aprender com José Geraldo Alckmin.

Não se trata de uma biografia "definitiva", longe disso. É mais bem uma biografia "introdutória", pois de cada tema abordado pode sair uma série de estudos. Principalmente no que diz respeito à dimensão jurídica da vida e da obra de José Geraldo, minhas anotações foram bem elementares. Primeiro por me faltar competência para ir além e, segundo, por não ser esse o meu objetivo.

Meu objetivo, tão simplesmente, é introduzir ao público leigo a vida e obra desse grande personagem desconhecido e fomentar, quem sabe, novos interesses, novos estudos. Penso em particular nos jovens estudantes, advogados, magistrados que estão começando as suas carreiras. E penso, também, é claro, naqueles que, já maduros, gostarão de recordar e recobrar ânimo através do exemplo do velho e bom mestre.

O objetivo, por fim, é também prestar um tributo à memória e não deixar que o tempo e o esquecimento acabem por limpar e esconder as marcas que ele deixou na história e principalmente no coração das pessoas.

Quero agradecer a todos aqueles que tornaram esta pequena obra possível: primeiramente a Jacques Penteado, que foi o provocador de tudo; a Maria Lúcia Alckmin, minha orientadora, promotora e mantenedora; a todos os outros filhos de José Geraldo: Aneliese, Heloísa, José Geraldo, José Eduardo, José Augusto; a Dona Anita, na simpatia e vigor dos seus muitos anos; a todos os familiares com quem estive em São Paulo, Guaratinguetá, São José dos Campos e que foram todos entrevistados e oportunamente citados nesta biografia – de forma muito especial a José Floriano de Alckmin Lisboa, que foi um grande colaborador e amigo; e ao governador Geraldo Alckmin, que nos cedeu boa parcela do seu precioso tempo, concedendo entrevista e se colocando à disposição.

Agradeço também a todos aqueles que, de alguma forma, contribuíram para que esta empreitada chegasse a bom termo: em primeiro lugar à minha esposa, amor e ajudante Beatriz, que organizou os documentos e transcreveu quase todas as fitas; aos funcionários da biblioteca e arquivo histórico da Faculdade de Direito do Largo São Francisco, especialmente o Sr. Valdir; aos meus colegas e colaboradores da UNIFESP/EPM, em especial à minha secretária Dona Mercedes; aos meus pais, irmãos, sogros, cunhados – em especial os advogados da família, Rui e Carlos – amigos, que deram tanta força; aos meus filhos Theresa, Felipe, Mariana, Thiago e Rafael, pelo simples fato de existirem.

A grande maioria da documentação pesquisada foi reunida através de doações feitas pela família, amigos e colegas e hoje forma um memorial[1] que está sendo organizado e disponibilizado para futuras consultas na sede do Instituto Ministro José Geraldo Rodrigues de Alckmin. Foram também realizadas quase 30 entrevistas que estão transcritas e arquivadas nesse mesmo fundo memorial.

Espero que esta pequena obra introdutória seja acicate para novas e mais ambiciosas aventuras. Vale a pena.

---

[1] No texto esse fundo é citado como AJGRA.

1

Raízes, Infância e Juventude

OS RODRIGUES DE ALCKMIN

José Geraldo Rodrigues de Alckmin nasceu no dia 4 de abril de 1915, em Guaratinguetá, mais precisamente num sítio da área rural do município, na Estrada dos Motas – hoje denominado Vila Dulce. Era o quinto filho do casal André Rodrigues de Alckmin e Ida Ravache Rodrigues de Alckmin.

Conta João, o segundo filho, em livro de memórias[2], que, na ocasião, os irmãos ficaram "dormindo em colchões na sala de visitas, enquanto o Andrezinho [o primogênito, então com pouco mais de dez anos] vinha à cidade em busca da parteira,

---

[2] ALCKMIN, João Rodrigues de, *Coisas do Passado*. Guaratinguetá, Ed. do Autor, s.d., p.10.

D. Mariquinha". O bebê nascera de sete meses, o que inspirava cuidados. Talvez por isso é que tenha vindo também "D. Ernestina Zerbini, que ficou por lá uns dias, para fazer companhia", trazendo consigo o filho mais novo, que mais tarde se tornaria célebre como cirurgião cardíaco.

É nesse clima de improvisação, mas também de solidariedade rural, que nasce e cresce o pequeno Zeca.

Fazia pouco que a família Rodrigues de Alckmin tinha trocado a vida mais cômoda na cidade pelas peculiaridades da roça. Talvez por força das raízes familiares, talvez pelo simples gosto do bucólico compartilhado por D. Ida e pelo Prof. André.

André Rodrigues de Alckmin descendia de antiga família mineira, fazendeiros de velha estirpe, chegados de Portugal provavelmente no século XVIII. Seu pai, João Capistrano Ribeiro de Alckmin, parece ter sido o primeiro a enveredar por outras carreiras, largando as terras para ser juiz de direito. Conta João Alckmin[3] que João Capistrano e seus irmãos "ficaram conhecidos nas localidades onde residiram pela sua extrema simpatia pelo liberalismo" e pelo abolicionismo, apesar de sua origem latifundiária. Assim, conclui João, "não foram muito ricos, mas mantiveram sempre a linha de independência perante as autoridades".

---

[3] Idem, p. 6.

André nasceu aos 4 de fevereiro de 1878, numa fazenda do município de Baependi, no sul de Minas. Estudou "as primeiras letras" em Silveiras, Estado de São Paulo, onde seu pai começou a exercer a magistratura. Foi ali seu professor "mestre José Bernardino, muito conhecido e conceituado pela sua cultura e rigor".[4]

Provavelmente a admiração pelo mestre, e pelo magistério em si, levou André a optar pela carreira de professor. "Quando João Capistrano foi para Cambuí, como Juiz de Direito, o jovem André seguiu para São Paulo, a fim de estudar na Escola Normal da Praça da República, a melhor do Estado".[5]

Em São Paulo, André foi morar numa pensão e arranjou emprego no Correio, onde trabalhava "das seis da tarde até a meia-noite".[6] Um ano antes de se formar, em 1900, faleceu seu pai, João Capistrano, e André acolheu em São Paulo um irmão, Jorge, que passou a morar com ele na pensão.

Diplomado em 1901, foi nomeado, logo em seguida, professor adjunto do Grupo Escolar Cesário Mota, em Itu. No ano seguinte já exercia o cargo de diretor do mesmo estabelecimento. Profissional devotado e competente, André Alckmin

---

[4] Idem, ibidem. A preocupação com a educação e a cultura será uma marca registrada da família Alckmin.
[5] Idem.
[6] "Discurso proferido na solenidade realizada na Escola Normal em homenagem à memória do professor André Rodrigues de Alckmin", in *Alvorada*, Guaratinguetá, 28 de abril de 1932. Homenagem da Escola Normal à Memória do Prof. André Rodrigues de Alckmin, no trigésimo dia do seu falecimento.

angariou rapidamente o respeito e admiração de alunos, colegas e pais, a ponto de, em 1907, quando da sua nomeação para diretor da Escola Complementar de Guaratinguetá, o povo de Itu ter encaminhado uma representação ao governo do Estado pedindo a sua permanência na cidade.[7]

Foi durante essa primeira fase de sua vida de magistério que André conheceu Ida Ravache, a mulher com quem se casaria.

Ida era descendente de imigrantes alemães. Seu avô paterno, Wilhelm Karl Adalbert Dietrich Ravache, teria sido forçado a deixar a Alemanha por ocasião da repressão aos revolucionários de 1848.[8] "Depois de ter concorrido para a fundação de Joinville – afirma Dinio Garcia –, transferiu-se para São Paulo acompanhado de seu filho Hans Alexander Alwyn Ravache, engenheiro topógrafo nascido em Lübeck por volta de 1840 e que, dentre muitas atividades, trabalhou na demarcação das ferrovias São Paulo–Santos e Noroeste, esta última localizada no então perigoso sertão do Avanhandava".[9]

Em São Paulo, Hans casou-se com Ana Lindegger, descendente de família suíço-alemã, estabelecendo-se nas proximidades de Rio Grande da Serra. Foi ali que nasceram os filhos

---

[7] Idem.
[8] GARCIA, Dinio de Santis, *O Ministro José Geraldo Rodrigues de Alckmin*; Discurso proferido na sessão solene realizada pelo Instituto dos Advogados de São Paulo, em 8 de fevereiro de 1979, para homenagear a memória do seu sócio-colaborador, o Min. José Geraldo Rodrigues de Alckmin, p. 2-3.
[9] Idem, p.3.

Arthur, Edmunda, Ida e Alberto, "além de outros três falecidos na infância, por ocasião da febre amarela".[10]

Tendo falecido a esposa pelo mesmo motivo, Hans decidiu mudar-se para o interior, radicando-se em Itu. Ali criou os filhos.

Segundo João Alckmin, sua mãe, Ida Ravache, "freqüentou o Colégio Patrocínio, dirigido pelas irmãs de São José", obtendo bom preparo e sólida formação católica.

Ida deve ter conhecido o professor André Alckmin logo de sua chegada a Itu, em 1902. No ano seguinte, a 8 de dezembro, casaram-se. A 12 de abril de 1905, nasceu-lhes o primeiro filho, André. Dois anos depois o casal mudava-se para Guaratinguetá, onde o professor André assumia o cargo de diretor da Escola Complementar dessa cidade[11], apesar dos protestos do povo de Itu frente à Secretaria de Educação do Estado.

Recém-chegados a Guará, estabeleceram-se numa casa à rua Visconde de Guaratinguetá. Ali nasceram mais dois filhos, Janira e João.[12] Com "muita luta e trabalho"[13], puderam, al-

---

[10] ALCKMIN, João Rodrigues de, Op. cit., p. 8. Ida nasceu a 30 de julho de 1882.
[11] A Escola Complementar de Guaratinguetá foi transferida da capital para essa cidade em 1902, por influência do então presidente Rodrigues Alves, natural de Guaratinguetá. Pouco tempo depois foi elevada a Escola Normal e acabou por se tornar uma das mais prestigiosas do Estado.
[12] O quarto filho, Geraldo José, nasceu em São Paulo, durante a estada da família ali em 1913.
[13] Alckmin, João Rodrigues de, Op. cit., p. 8.

guns anos depois, adquirir o sítio na Estrada dos Motas e aí construir sua casa.

Conta João Alckmin:

"De início tinha a casa sala de visita, escritório, sala de jantar, três quartos, sanitário com chuveiro e cozinha.
Naquele tempo não havia eletrificação rural e a casa, que está em lugar alto, só pôde receber água encanada graças a um carneiro hidráulico sugerido e instalado pelo engenheiro Hans Ravache, meu avô, que, às vezes, vinha passar alguns dias com a filha, genro e netos.
Um pomar, pequeno, mas muito bem planejado, foi cercado por água para evitar formigas.
Na frente da casa foi plantado um jardim, cercado por tela de arame de 1 metro de altura. Dentro do jardim, foram construídos um caramanchão e um viveiro de pássaros.
Tudo isso era dirigido pela força de vontade de D. Ida, pois ela própria consertava os viveiros, podava as plantas e mantinha o jardim regado todas as tardes."

Em breve, toda essa energia, disciplina e disposição de D. Ida teriam de ser aplicadas não apenas para cuidar dos jardins e da casa, mas também de toda a família e do próprio marido. Em 1910, ainda como diretor da Escola Complementar de Guaratinguetá, André Rodrigues de Alckmin era repentinamente transferido para São Paulo, a fim de assumir o cargo de professor na Primeira Escola Noturna do Braz.[14] Ao que tudo indica, tal "remoção" teve "motivos políticos", fruto de um desentendimento entre o então zeloso, impoluto e "desassombrado" diretor e uma professora que, "embora inepta, desfrutava da proteção dos chefes políticos locais".[15] A surpreendente baixeza da manobra afetou profundamente o ilibado e bom professor. No ano seguinte, porém, André Alckmin voltaria para Guará, onde assumiria a cadeira de português na Escola Normal.

Poucos anos mais tarde, provavelmente depois do nascimento de José Geraldo, André sofreu um grave revés de saúde, que o levou de volta para São Paulo. Ao que tudo indica, tratou-se de um problema psíquico, fruto de uma "crise nervosa".

Internado numa clínica da capital, André foi desenganado pelos médicos. Conta Heloísa Alckmin Nogueira, filha de André Alckmin Filho:

> *"A vó Ida contava que quando ela foi a São Paulo e o vô André estava internado, o médico havia dito que não tinha cura. Foi um sofrimento muito grande. A gente vê mesmo as fotos da vó Ida nessa época e percebe como ela aparece triste, sofrida... Imagine, com os filhos pequenos...*

---

[14] TEIXEIRA, J. H. Meireles, "Defeza do digno professor André Rodrigues de Alckmin" in *O Lorenense*, 12/10/1931.
[15] GARCIA, Dinio de Santis, Op. cit., p. 3.

Mas com toda aquela fé e aquela fibra que ela tinha, disse um dia para o médico: 'mais que a ciência é o Amor Divino e as bênçãos de Deus. É com a ajuda de Deus que ele vai ficar bom'. Em seguida ela o tirou da clínica e o trouxe para Guará. Ele saía, às vezes, sozinho, falando pelas ruas e um dia ele caiu e voltou 'antenado', ligado, conversando, falando, tanto é que ele se recuperou e voltou a trabalhar e tudo mais. Meu pai dizia que uma das lembranças mais tristes que ele tinha foi de ver o pai num hospital, catatônico, quieto, parado, extremamente moreno, porque ficava parado no sol, com a careca muito queimada..."[16]

Outro de seus netos, João Rodrigues de Alckmin Jr., também faz eco às lembranças familiares desse doloroso momento:

"Foi desenganado pelos médicos, sofreu problemas de depressão nervosa, foi terrível... Acho que teve que ficar 2 anos internado e ela {D. Ida} contava que teve de assinar um termo de responsabilidade para tirá-lo de lá. Agora me recordei de uma passagem que ela contava relacionada com o tio Zeca[17] *quando criança. Ele era pequeno e ela pedia para o tio Zeca rezar para o pai sarar... Chegou um belo dia e ele achou que o pai estava demorando para sa-*

---

[16] Entrevista com Heloísa Alckmin Nogueira (filha de André Alckmin Filho), realizada em Taubaté, a 14/01/2003.
[17] Trata-se de José Geraldo Rodrigues de Alckmin, chamado pelos familiares e amigos de infância de Zeca.

rar e ele falou: 'eu lezo, lezo, lezo e o papai não sara... Papai do Céu não faz ele sarar...' Isso eu nunca me esqueço, uma criança pedindo pelo pai e achando que estava demorando... E ela, minha avó, 'segurou essa barra' e, graças a Deus, depois meu avô sarou, nunca mais teve nada... Morreu de infarto do coração, mas dessa doença aí ele se curou, numa época que era muito difícil."[18]

A doença do pai fortaleceu ainda mais os já estreitos laços que atavam a mãe aos filhos e estes entre si, configurando uma verdadeira cumplicidade que acompanhou a trajetória da família Ravache Alckmin e que deixou marcas profundas em mais de uma geração. Nas fotos que retratam mãe e filhos juntos, em distintos momentos de suas vidas, nota-se claramente esse forte clima de união e sadia cumplicidade.

Não foi possível verificar por quanto tempo o Prof. André permaneceu doente e afastado de suas funções. Os documentos atestam, entretanto, que em 1928 era nomeado inspetor-fiscal da Escola Normal Livre de Lorena e, em 1º de abril de 1931, "lente de Portuguez e Litteratura da Escola Normal de Guaratinguetá".[19] E, segundo J. H. Meirelles Teixeira, advogado, ex-aluno de André Alckmin e autor de artigo em sua defesa quando da perseguição que sofreu pouco antes de morrer, "exerceu, além disso, o magistério particular no Ginásio Nogueira

---

[18] Entrevista com João Rodrigues de Alckmin Jr. (filho de João Rodrigues de Alckmin), realizada em Guaratinguetá, a 15/01/2003. Tendo perdido a mãe muito cedo, João foi criado pela avó, D. Ida. Dos netos, foi talvez o que teve maior convivência com ela.
[19] TEIXEIRA, J.H. Meirelles, Op. cit.

da Gama, conhecidíssimo pela veneranda figura de educador que lhe dá o nome – o Dr. Lamartine Delamare Nogueira da Gama, e no Ginásio São Joaquim, de Lorena, um dos mais conhecidos estabelecimentos salesianos do Brasil."[20]

Vasculhando os documentos e memórias da Escola Normal de Guaratinguetá, percebe-se que poucos mestres mereceram tantas homenagens e lembranças como o Professor André Alckmin. Querido e admirado, ressalta nos depoimentos a consideração da sua "extrema bondade e brandura", contrabalançadas por uma postura austera e rigorosa. Num dos textos que compõem a homenagem póstuma prestada a ele pelos colegas e alunos da Escola Normal, lê-se:

> *"Em 1907 quando eu era aluno do 4º ano da Escola Complementar de Guaratinguetá, foi nomeado diretor do referido estabelecimento o saudoso professor André Rodrigues de Alckmin.*
> *Assumindo a direção, tomou logo diversas medidas muito acertadas que visavam melhorar a boa disciplina já existente na Escola, restringindo em parte a liberdade dos alunos. A mocidade nem sempre emite os seus juízos depois de maduro exame, e, assim, nos primeiros dias da sua administração, não vivia o novo diretor cercado da simpatia de seus discípulos.*
> *Bastou, entretanto, que, um dia, reunidos no salão nobre*

---
[20] Idem.

da Escola professores e alunos, para comemoração de uma data nacional, o digno mestre mostrasse os seus recursos oratórios, para que uma auréola de simpatia e admiração o envolvesse. Desde então, todos se sentiam bem junto dele, todos queriam ouvi-lo. Mas, felizmente, não foi só com a eloqüência que ele triunfou. Aos poucos foi se tornando estimado também pela altivez de seu caráter e pelas excelsas qualidades do seu grande coração.

Sinceramente modesto, possuidor de uma inteligência brilhante e de um caráter ilibado, nenhuma glória o preocupava senão aquela que Rui Barbosa dizia ser a única que devemos aspirar – a de ser bom."[21]

Outro aspecto muito assinalado na memória de seus ex-alunos e parentes é o da sua profunda religiosidade. André Rodrigues de Alckmin era um homem piedoso. Costumava ir à missa todos os dias e pertencia à Conferência de São Vicente "Sagrado Coração de Jesus", da qual foi presidente. Sua preocupação pelos pobres e marginalizados apresentava-se como uma de suas marcas registradas.

Em seu livro de memórias, João Alckmin relata vários episódios significativos:

"Um dia papai chegou com um preto moço e gago, que se chamava Benedito Estevam Tibério, mas era mais conhecido pelo apelido de Timbique, do qual não gostava. Ti-

---

[21] FELIX, Darwin, "A bondade" in *Alvorada*, Op. cit.

nha fugido da Santa Casa e estava deitado à beira da estrada com um cobertor que roubara."

"Com remédios homeopáticos que papai lhe deu e mais algum chá de folhas de figueira, em pouco tempo o Timbique ficou bom. Durante a convalescença, uma manhã encontramos furada a parede da cozinha. O Timbique tinha desaparecido durante a noite. Meu pai encontrou-o novamente à beira da estrada e trouxe-o de volta, depois de ouvir dele a confissão de que fora o autor do furo na parede, para tentar abrir a porta para pegar comida. Confessou, também, que era fugitivo da cadeia de Guaratinguetá, onde estava preso por ter roubado dinheiro do Sr. Manuel da Guia, em cuja casa fora criado. Não tinha sido julgado porque ficara doente na cadeia e fora internado na Santa Casa, de onde fugiu. Prometeu a meu pai nunca mais roubar e cumpriu a promessa. Tornou-se forte e trabalhador. Continuou amigo de nossa família, mesmo depois que deixou de ser nosso empregado e se casou com uma solteirona branca com quem foi viver em Lorena."[22]

'Outra ocasião – continua João Alckmin – apareceu por lá um velho meio amalucado e pediu morada. Papai deu-lhe o quarto de fora e ele se instalou e ficou contando às crianças que todas as vacas eram suas. E chamava: 'tiou, tiou, minhas vacas'. Nós ficamos espantados e fomos con-

---

[22] ALCKMIN, João R. de, op. cit., p. 11.

tar ao papai o que o homem tinha dito e ele nos acalmou dizendo que o coitado era maluco. Ao fim de três ou quatro dias, o velho foi embora sem se despedir de ninguém."[23]

Fiel aos costumes vicentinos, André Alckmin é lembrado também por sempre convidar pobres e mendigos para almoçar com a família em casa.

Tudo isso, aliado a um grande sentido de justiça e honestidade, imprimiu uma marca indelével no caráter de todos os filhos, apesar da sua morte relativamente prematura, aos 54 anos.

Pai presente, André Alckmin fazia da sua profissão um modo de ser e, em casa, costumava acompanhar os estudos dos filhos, aproveitando para completar e aperfeiçoar os ensinamentos escolares.

Numa carta endereçada à irmã, Janira, o então jovem ginasiano Zeca escrevia:

"Hoje, nos meus estudos, papai me deu a seguinte sentença para analisar: 'A felicidade está dentro de nós'. E eu acho que se não fosse assim não havia padre, pois ficariam no mundo, onde muitos querem achar a felicidade."[24]

É interessante notar a preocupação do pai-professor que

---

[23] Idem, p. 10.
[24] Carta de José Geraldo Rodrigues de Alckmin a Janira Rodrigues de Alckmin, Guaratinguetá, s.d. A carta de José Geraldo (firmada como Zeca) está escrita no verso de outra escrita pelo pai André à sua filha, então residindo em São Paulo.

fazia do ensino da língua um instrumento de formação moral. Pois, como ele mesmo dizia, no verso da mesma carta anteriormente citada:

> *"A vida é curta e em assuntos que não se referem à vida moral, enfim, em cousas comerciais, de ganha perde, eu gosto do zás trás, nó cego."*[25]

Por isso, a vida da família Alckmin esteve sempre cercada de bons livros e de comentários profundos e inteligentes, nos quais o rigor formal e estilístico coadunava-se com o sentido moral e humanístico, temperados pelo humor inteligente.

Em 1931, vinte anos depois de ter sofrido a primeira "punhalada" política em sua carreira, o Prof. André Alckmin seria novamente vítima de uma "armação". Estando recém-licenciado de suas funções como inspetor-fiscal na Escola Normal de Lorena, por força das mudanças ocorridas com a Revolução de 1930, o Prof. Alckmin era condenado, pela Secretaria de Educação do Estado de São Paulo, então dirigida por Almeida Prado, a cumprir 15 dias de suspensão de suas atividades como professor de Português e Literatura na Escola Normal de Guaratinguetá, entre outras sanções. A acusação era "haver o Prof. Alckmin alterado, nos exames do 1º semestre de 1930, as notas de diversas provas, para mais e para menos", e "assinado listas de notas em discordância com as provas do 2º semestre do mesmo ano".[26]

---

[25] Carta de André Rodrigues de Alckmin a Janira, idem.
[26] TEIXEIRA, J.H. Meirelles, Op. cit.

Em artigo publicado no *O Lorenense*, em outubro de 1931, o advogado e ex-aluno do Prof. Alckmin, Meirelles Teixeira, apresenta a sua defesa e, de forma indiscutível, demonstra a improcedência das acusações, deixando claro o sentido eminentemente político da manobra. Sem dúvida, o ambiente 're-volucionário' da época contribuía para tais arbitrariedades.

Apesar de inocentado e, até certo ponto, reparado, o golpe dessa vez teve um desfecho fatal. Adoentado, André Alckmin foi perdendo as forças, vindo a falecer em 28 de março de 1932. Relatam as crônicas e assinalam as lembranças que o seu funeral foi um dos eventos públicos mais concorridos até então na história de Guaratinguetá. Segundo conta Marilena Alckmin de Abreu, filha de André Alckmin Filho,

> *"Mamãe disse que em 32, quando vovô morreu, ela estudava lá em Lorena – e inclusive na época tinha sido aluna do papai – e veio uma representação do Colégio para o enterro. Ele já morava naquela rua, na esquina e mamãe falou: 'eu nasci nessa rua e nunca vi na minha vida um enterro igual ao do seu avô, em 1932, de tanta gente e de tantas categorias de pessoas, desde as pessoas importantes até as bem humildes'. Isso a mamãe contava, ela falava sempre... Meu avô era uma pessoa querida e isso ficou."*[27]

Quando da morte de seu pai, José Geraldo

---

[27] Entrevista com Marilena Alckmin de Abreu, filha de André Rodrigues de Alckmin Filho, realizada em Guaratinguetá, a 15/01/2003.

Rodrigues de Alckmin, o Zeca, contava apenas com 17 anos e cursava ainda a Escola Normal. Seus irmãos mais velhos já desempenhavam atividades profissionais. André era professor e farmacêutico; João também professor, assim como Janira e Geraldo, que além disso estudava medicina veterinária.

Nesse momento, a rijeza e força de D. Ida determinaram a unidade e a estabilidade da família, dando seqüência ao estilo rigoroso e ao mesmo tempo afetuoso da vida familiar.

De aparência frágil e miúda, transparecendo, entretanto, uma incrível fortaleza psicológica e moral, D. Ida Ravache Rodrigues de Alckmin desempenhou o papel de uma amável matriarca.

Nas fotos, sempre vestida de preto, sempre muito magra e com os cabelos muito brancos, presos no alto da cabeça, D. Ida aparece inevitavelmente rodeada: dos filhos, das noras, do genro, dos netos, parentes, amigos... Respeitada, sua autoridade era exercida de forma natural, com afetuosidade. Mais para quieta do que falante, notava-se, contudo, um incrível entrosamento entre ela e os filhos. Entrosamento que não era, de forma alguma, exclusivista ou possessivo. Era acolhedora.

Nas memórias de suas netas e netos, D. Ida desponta como uma figura exemplar e benfazeja de avó e mãe ao mesmo tempo, imprimindo sempre um ambiente de acolhimento, união e amor, apesar do rigor. Conta Heloísa Alckmin Nogueira:

"Ela era uma avó muito gostosa, estava sempre presente na nossa vida. (...) Ela era uma força muito presente na

vida dos filhos, na vida dos netos, e eu tenho impressão de que esse espírito fraterno que a geração do meu pai desenvolveu entre ele e os irmãos, acho que se deve muito à presença da vó Ida... A vó Ida trazia todo mundo muito perto."[28]

E João Rodrigues de Alckmin Jr. acrescenta:

Ela, como filha de alemão – o pai era alemão, a mãe era suíça –, era uma pessoa bastante enérgica, eu posso afirmar porque ela era mais minha mãe do que avó, conforme já falei... Era um relacionamento até maior, porque como eu perdi a mãe tão pequeno e ela com os filhos já formados e criados, então ela se afeiçoou a mim de uma forma especial e era uma pessoa muito especial para mim e acredito que para todos da família... Pessoa boníssima, pessoa firme que soube transmitir aos filhos essa firmeza."[29]

É, pois, na confluência dessas vidas, dessas histórias, dessas características e qualidades que foi se forjando a personalidade de José Geraldo Rodrigues de Alckmin. Muitos anos mais tarde, quando nomeado desembargador do Tribunal de Justiça de São Paulo, em seu discurso de posse, resumia assim o papel que seus pais e irmãos desempenharam em sua vida:

Desde a infância, no lar cristão, em que aprendi do espí-

---

[28] Entrevista com Heloísa Alckmin Nogueira (filha de André Alckmin Filho), realizada em Taubaté, a 14/01/2003.
[29] Entrevista com João Rodrigues de Alckmin Jr. (filho de João Rodrigues de Alckmin), realizada em Guaratinguetá, a 15/01/2003.

rito bondoso, austero e reto de meu pai a ser fiel no cumprimento do dever. Em que aprendi, na admirável firmeza de ânimo e no carinho materno (...) a aceitar mais despreocupadamente êxitos e reveses, certo de que uns e outros são integrantes de toda existência humana. E irmãos – admiráveis e bons companheiros de todos os instantes, que ajudaram o irmão mais moço a encaminhar-se na vida.[30]

INFÂNCIA

José Geraldo, o Zeca, teve uma infância normal. Talvez fosse um pouco mais mimado que os outros irmãos, por ser o caçula e por haver nascido prematuro, segundo reza a tradição familiar. Contam que, por causa de sua constituição aparentemente frágil, D. Ida poupava-lhe das tarefas mais pesadas.

"O papai – conta José Geraldo Alckmin Filho – era mais dado às letras, gostava muito de ler, de ler tudo, e os seus pais não queriam que ele se esforçasse... Quando mandavam ele fazer alguma coisa era um fiasco, era como minha avó dizia: 'o Zeca, tirando as leizinhas dele, ele não sabe fazer mais nada...' Qualquer serviço, por mais banal que fosse, o homem era terrível, ele não conseguia fazer, porque nunca teve oportunidade de fazer quando criança. Os outros irmãos não, tio André, tio João, a gente via que

---

[30] ALCKMIN, José Geraldo R. de, Discurso na posse como desembargador do Tribunal de Justiça de São Paulo in *Diário Oficial do Estado de São Paulo*. Ano XXXIV, No. 168, 5 de setembro de 1964.

era um pessoal que fazia casa, levantava parede, fazia cerca, cuidava de gado, operava vaca, o que precisava fazer faziam... Isso aliado à parte cultural que também tinham... O papai já não, se tinha que fazer alguma coisa manual, aí pronto, era terrível..."[31]

Apesar de todos esses cuidados, José Geraldo não deixou aprontar, como qualquer outra criança do interior, naquela época e sempre.

Conta seu irmão João que, numa certa ocasião, quando ainda eram pequenos,

"Zeca e Geraldo comeram sementes de pinhão bravo, pinhão Paraguai, que nós tínhamos levado para casa, para matar baratas. Quando eles saíram da sala onde estavam as sementes contando que comeram 'aquela coisa', mostrando ainda os pedaços de sementes que tinham esmagado com o pé de uma cadeira, foi um Deus nos acuda. Mamãe ficou apavorada, pôs-lhes o dedo na garganta, depois fê-los beber água morna com azeite até que vomitaram tudo quanto tinham no estômago. Papai chegou da escola a essa hora e achou que a providência tomada estava certa, mas ficou observando os dois, que felizmente nada tiveram. Foi só o susto."[32]

---

[31] Entrevista com José Geraldo Alckmin Filho (Ode), realizada em São Paulo, a 19/03/2003.
[32] ALCKMIN, João R. de, Op. cit., p.10.

Enquanto moravam no sítio da Estrada dos Motas, os irmãos Alckmin iam diariamente à escola de charrete. Enquanto isso, José Geraldo, ainda muito criança, permanecia em casa, com a mãe.

Ao cabo de alguns anos, a família Alckmin vendeu o sítio, voltando a morar na cidade, "em casa alugada, na rua da Estação: casa antiga, de quatro janelas e porta na frente..."[33] Pouco tempo depois, mudaram-se para a rua do Colégio do Carmo, "hoje D. Bosco, para uma casa recém construída..."[34] Ali, os meninos logo fizeram "camaradagem com a criançada do bairro, meninos quase todos pobres" e com eles jogavam futebol. Conta João Alckmin que

> *"Uma noite tomamos pega da polícia, que pretendia tomar nossa bola, mas, nesse dia, não estava conosco. Fui suficientemente rápido para escapar dos guardas e entrar em casa. Mamãe queria logo saber o que era e onde estavam os menores, Zeca e Geraldo, e saiu para buscá-los. Eu a acompanhei e vi como discutiu com os soldados, que se desculparam e foram embora. Os dois pequenos estavam na casa do Prof. Gilinho, solteiro a esse tempo, cuja cozinheira era mãe de alguns garotos que também jogavam em nosso time, sob a supervisão do Zé Roberto, goleiro da Esportiva e hóspede permanente do Gilinho.*

---

[33] Idem, p.13.
[34] Idem, ibidem.

O caso terminou aí. Passamos diversas tardes sem brincar na Avenida."[35]

Pouco tempo durou a temporada dos Alckmin na cidade. Conta João que, logo depois de terminadas as obras de reparo e ampliação da casa da rua do Colégio, o Prof. André aproveitou uma oportunidade de negócio adquirindo uma propriedade na zona rural, "com mais de vinte alqueires de terras, parte ainda de uns velhos cafezais e uma casa de sede ainda boa".[36] Ali iniciaram nova vida de "sitiantes", "que só teve dois ou três períodos de intervalo, quando se falava em vender a fazenda e se chegou a acertar a venda por duas vezes..."

Durante esse período, enquanto André começava a lecionar no Ginásio São Joaquim de Lorena, João concluía os estudos na Escola Normal de Guará, Janira terminava o curso normal e ia lecionar em Silveiras e Geraldo entrava para o Seminário de Taubaté, "Zeca, que era mais criança", assumia as funções de condutor da charrete do pai. "Diariamente vinha com o papai e voltava para buscá-lo"[37], conta seu irmão João.

Um pouco mais tarde, Zeca iniciava também seus estudos.

A FORMAÇÃO ESCOLAR

José Geraldo iniciou os estudos primários no Ginásio São

---
[35] Idem, p. 16-17.
[36] Idem, p.18.
[37] Idem, p. 19.

Joaquim de Lorena, onde lecionavam seu pai e seu irmão. Já no segundo ano, porém, passou para o Nogueira da Gama, em Guará, onde também seu pai era professor. Paralelamente, participava das atividades paroquiais, tendo sido, aos nove anos de idade, coroinha na capela do Colégio Salesiano.[38] Paralelamente ao curso ginasial, ingressou, seguindo a tradição familiar, na Escola Normal de Guaratinguetá, onde se formou, como professor, em 1933.

Ao lado da vida familiar e da educação recebida e, de certa forma, "bebida" em casa, a passagem pela Escola Normal desempenharia um papel extremamente importante na formação moral e intelectual de José Geraldo.

Instituição respeitadíssima e de alto valor humano e cultural, a Escola Normal de Guaratinguetá foi a que determinou a essa cidade o epíteto de *Atenas do Vale do Paraíba*. Trazida da capital, em 1902, por influência do Conselheiro Rodrigues Alves, duas vezes governador do Estado e uma vez presidente da República, a Escola Normal significou um respeitável incremento na vida intelectual e cultural da cidade, já relativamente bem desenvolvida pela presença de outras instituições de ensino, que remontavam aos tempos áureos do café.[39]

---

[38] Cf. MANSO, Young da Costa, *Ministro Rodrigues de Alckmin*. Oração pronunciada pelo desembargador Young da Costa Manso, no fórum "Ministro Costa Manso", de Pindamonhangaba, em sessão solene de 29 de janeiro de 1979. São Paulo, Lex Editora, 1979, p. 10.
[39] Cf. MAIA, Thereza Regina de Camargo, "Setenta e cinco anos de tradição e cultura" in *Revista Comemorativa dos 75 anos da EEPSG "Conselheiro Rodrigues Alves"*. Guaratinguetá, 1977.

A partir da sua instalação, começou a afluir para Guará um importante contingente de mestres e intelectuais que se incumbiriam de formar professores de alto nível para atuar nas mais diversas regiões do Estado.[40] Dentre esses mestres estavam, como vimos, André Rodrigues de Alckmin, além de muitos outros, que acabaram ganhando destaque no cenário educacional, cultural e político do Estado e do país.[41] José Geraldo privava do convívio da grande maioria deles, não apenas nas aulas, como o resto de seus colegas, mas também nas reuniões e encontros na sua própria casa, onde devia participar das conversas em que se debatiam os rumos da educação no Brasil, ou temas de gramática, literatura, história e filosofia. Mais tarde, José Geraldo, assim como seus irmãos mais velhos, todos professores, demonstrará um conhecimento e uma intimidade incomum com os clássicos, tal como se pode verificar em suas cartas e, principalmente, em seus escritos jurídicos e discursos. Pode-se afirmar que, na confluência da educação informal, em casa, e da formal, na escola, José Geraldo adquirirá uma formação humanística que se refletirá de maneira particular na

---

[40] Cabe notar que, dentro do ideário da Primeira República, fortemente influenciado pelo positivismo, a questão da educação aparece como um dos elementos mais importantes. A constituição das Escolas Normais, com alto nível intelectual e técnico, responsáveis pela formação dos futuros professores, aparecia assim como uma ação prioritária. Exemplo clássico disso é a Escola Normal de São Paulo, mais conhecida como Caetano de Campos, que serviu de modelo para implantação de outras, também muito prestigiosas, no interior do Estado. Grande parte dos professores que vieram para iniciar a Escola Normal de Guará eram egressos da Caetano de Campos.

[41] Outros nomes importantes que estiveram ligados à Escola Normal de Guaratinguetá e que foram professores de José Geraldo Rodrigues de Alckmin foram: Rogério Lacaz, Darwin Felix, Jerônimo de Aquino, José Scaramelli, Hugo Fagundes, Ernesto Quissak, Justino Rangel, Jerônimo Guimarães Filho, Dulce Alves Carneiro, Diomar Pereira da Rocha, entre outros.

sua atuação como magistrado. Uma característica diferenciadora, apontada por muitos colegas e conhecedores da área jurídica, que o qualificava não apenas como um juiz extremamente competente, inteligente e de vasta cultura, mas também como um verdadeiro pensador da lei e do direito. Boa parte dessa vasta cultura e capacidade de análise José Geraldo deve, sem dúvida, à sua formação escolar, particularmente enquanto normalista.

Segundo conta Maria Prudência de Vasconcellos Rezende, mais conhecida como *Santa*, colega de turma de José Geraldo na Escola Normal:

> *"A Escola Normal era o que havia de melhor naquela época... E não só para os padrões da região, mas para os padrões nacionais, penso eu... E acho que isso é devido aos nossos professores... O pai dele, por exemplo, era um professor excepcional, não só pelo conhecimento que tinha, mas pela forma de ensinar... Tivemos outro professor de português chamado Jerônimo de Aquino que também era um professor extraordinário e professores muito respeitados nas outras matérias... Nem sei se tinham muita sabedoria, mas eram muito respeitados e eram pessoas estudiosas, de uma formação muito segura... Havia o famoso professor Darwin, professor de história, o Lacaz de matemática, o pai do Zerbini era professor de geografia, todos esses famosos têm sempre um parente que foi professor, o professor sempre era muito respeitado... (...) A Escola Normal, uma vez eu escrevi um artigo sobre ela, era uma*

espécie de Academia e a gente que passava lá tinha orgulho... Eu me lembro que a gente usava uniforme e tinha orgulho de sair pela rua com uniforme... A gente tinha orgulho de ser normalista...

Eu não digo que o ensino fosse tão bom assim, mas os professores abriam a cabeça da gente, não é que eles ensinassem tanto, mas eles abriam a nossa cabeça para o conhecimento. Esse professor, Jerônimo de Aquino, ele era um ótimo professor, mas principalmente ele abriu novos horizontes... A gente saía dali com vontade de fazer mais, de ir além daquilo que então se ensinava..."[42]

Certamente, tal como sua colega, que mais tarde se tornaria uma das primeiras alunas da Faculdade de Filosofia, Ciências e Letras da então recém-criada Universidade de São Paulo, José Geraldo também concluiu o curso normal "com vontade de fazer mais, de ir além". Tanto é assim que, mal tendo recebido o diploma de professor, muda-se para São Paulo a fim de tentar o ingresso na famosa Faculdade do Largo de São Francisco.

ESTUDANTE DE DIREITO

A ausência de fontes que falem da vida íntima do jovem Zeca durante seus tempos de ginásio e de normalista não permite afirmar por que e quando aparece a decisão de estudar direito. Provavelmente, concorreram aí diversos fatores, den-

---

[42] Entrevista com Maria Prudência de Vasconcellos Rezende (D. Santa), realizada em Guaratinguetá, a 15/01/2003.

tre eles o fato de ser neto de juiz, o acentuado sentido de justiça herdado do pai e, muito provavelmente, o gosto pelas letras e humanidades. Naqueles tempos – início da década de 30 –, quando as universidades e as faculdades de filosofia e letras estavam ainda em fase de implementação, a Faculdade de Direito apresentava-se como uma das únicas opções no campo geral das humanidades.[43] De qualquer forma, para o menos afeito às lides de sitiante da família Alckmin, a Faculdade de Direito de São Paulo parecia ser o melhor caminho.

Munido de seu certificado de conclusão de curso ginasial e de seu histórico escolar, José Geraldo desembarca em São Paulo a fim de inscrever-se no exame vestibular da então mais do que célebre Faculdade de Direito. Era janeiro de 1933 e São Paulo e, mais particularmente, o Largo de São Francisco, devia ainda reverberar os recentes acontecimentos políticos do ano anterior, em que, daquela Escola, havia sido detonado o processo que culminou na Revolução Constitucionalista. Pouco preocupado com questões políticas àquela altura, José Geraldo procurou logo instalar-se – provavelmente em casa de parentes, situada à rua Voluntários da Pátria, número 314 – e estudar para os exames vestibulares, os quais prestou em 13 de fevereiro de 1933, sendo aprovado com "grau três e meio".[44]

---

[43] Não é coincidência que, desde o século XIX, as maiores figuras da literatura, da filosofia e das ciências humanas, em São Paulo e no Brasil, eram, na sua grande maioria, egressas da Faculdade de Direito do Largo de São Francisco.
[44] Certificado de Aprovação no Exame Vestibular da Faculdade de Direito da Universidade de São Paulo, 1 de março de 1933. Arquivo Histórico da Faculdade de Direito da USP. Cópia no AJGRA, pasta 9, doc. 9.

Ida e André Alckmin, com o primogênito André

André Alckmin com os filhos Geraldo, Janira e Zeca

Zeca, Geraldo e João

Zeca e Geraldo, então aluno do Seminário de Taubaté

Com os colegas da Escola Normal

Com os colegas da turma de 1938 da Faculdade
de Direito do Largo de São Francisco

Bacharel em Direito

Poucos dias depois, por meio de procuração, pois estava então em Guaratinguetá a fim de preparar sua ida definitiva para a capital, José Geraldo requeria sua matrícula na Faculdade, inscrevendo-se nas disciplinas do primeiro ano.[45]

Sobre seus primeiros dias de estudante de direito, relata um ex-colega de turma, em solenidade por ocasião de sua posse no Supremo Tribunal Federal, em 1972:

"Ingressamos na Faculdade, em 1933, ainda ao tempo da taipa do convento franciscano – de quase trezentos anos – e bem recente a gloriosa Revolução Constitucionalista, vencido duro vestibular: latim, psicologia e lógica, literatura, geografia e higiene, se bem me recordo. Éramos relativamente poucos calouros – e muitos os veteranos – aguardando-nos, assim, não menos duro 'trote', inesquecido até hoje por alguns, apenas amenizado pela doce ajuda compreensiva de nosso professor de Introdução, Spencer Vampré, moço como nós, mas já então com os cabelos inteiramente brancos."[46]

A vetusta Faculdade contava então com uma plêiade de grandes mestres que pontificavam desde suas cátedras, mas que também, em muitos casos, sabiam acercar-se dos alunos e aprofundar laços. José Geraldo parece ter sido um desses pri-

---
[45] Cf. Requerimento de Matrícula no Primeiro Ano da Faculdade de Direito de São Paulo. 25/02/1933. Arquivo da FDUSP. Cópia AJGRA pasta 9, doc. 7.
[46] Discurso proferido em solenidade dos ex-colegas de turma da Faculdade de Direito de São Paulo por ocasião da posse do Min. José Geraldo R. de Alckmin no STF. s.d. AJGRA pasta 1, doc. 3.

vilegiados que logo soube ganhar a simpatia de seus professores e assim ir refinando sua formação. Dentre esses mestres destaca-se a figura de Ernesto Leme, que anos mais tarde, como secretário de Justiça do Estado de São Paulo, referendaria o título de desembargador a seu ex-aluno.

No parecer de seus ex-colegas e amigos, José Geraldo destacava-se como "aluno dos mais brilhantes"[47], pertencente ao círculo dos estudiosos e não dos boêmios.[48] Analisando o seu prontuário, onde se encontram as "certidões de promoções" de ano para ano, verifica-se que José Geraldo foi um aluno assíduo e de notas que variavam entre seis e dez (curiosamente em Medicina Legal). Ao longo dos cinco anos em que cursou a Faculdade, o acadêmico sempre optou por prestar exames de primeira e às vezes de segunda época, na intenção de melhorar suas médias. Era esforçado e destacou-se especialmente, além da Medicina Legal, em Direito Civil e Direito Internacional Privado, nas quais obteve média 9,5 durante o quarto e o quinto ano.

As fontes – discursos, memórias, lembranças de pessoas que o conheceram na época – são unânimes em esboçar o perfil de um jovem estudioso, aparentemente tímido, quieto, reser-

---

[47] BUENO, Fernando Euler, Discurso na Sessão de Nomeação de José Geraldo Rodrigues de Alckmin como Desembargador do Tribunal de Justiça do Estado de São Paulo in *Diário Oficial do Estado de São Paulo*, Ano XXXIV, No. 168, 5 de setembro de 1964, secção VII do TJ.
[48] MANSO, Young da Costa, Discurso em Sessão Especial do TJ de São Paulo em Homenagem Póstuma ao Min. José Geraldo R. de Alckmin in *Diário da Justiça do Estado de São Paulo*, 10 de novembro de 1978.

vado, porém extremamente espirituoso e jovial no contato mais íntimo. Bem humorado, estava "sempre pronto ao dito chistoso"[49]; um humor carregado de finos "toques de ironia e de irreverência"[50], mas nunca desagradável ou ofensivo. Era mais bem um humor inteligente e acolhedor, que divertia e atraía.

> *"Respeitado pelos colegas – pondera Young da Costa Manso, colega de turma – era notado pelos traços característicos de sua enorme e atraente personalidade – a inteligência vivacíssima, que se revelava nas conversas e debates, pelo raciocínio extraordinário, rápido, sutil e cintilante, auxiliado por memória invejável e pela graça de constante ironia, de tonalidade alegre, em que o próprio sarcasmo é filtrado e se dilui numa solução de zombaria paradoxalmente amistosa, jamais agressiva ou insultante, e pelo contrário recebida em geral com simpatia! 'Ridentem dicere verum, quid vetat?'"*[51]

E sobre essa mesma faceta da personalidade do jovem José Geraldo – faceta esta que, como muitas outras, se tornaria típica na maturidade – lembra Maria Prudência *Santa* de

---

[49] GARCEZ, Marcos Nogueira, Discurso na Sessão Plenária Extraordinária de 13/11/1978 do Tribunal de Justiça de São Paulo em homenagem póstuma ao Min. José Geraldo Rodrigues de Alckmin in *Diário Oficial do Estado de São Paulo*, Ano XLVIII, no. 223, 25/11/1978.
[50] BUENO, Fernando Euler, Discurso na Sessão Plenária Extraordinária de 13/11/1978 do Tribunal de Justiça de São Paulo em homenagem póstuma ao Min. José Geraldo Rodrigues de Alckmin in Idem, ibid.
[51] MANSO, Young da Costa, Op. cit.

Vasconcellos Rezende:

"Essa faceta irônica... Quando eu via essa seriedade dele como ministro, eu me lembrava disso. Eu me lembro que às vezes nós tomávamos bonde e íamos até Vila Mariana, porque a vida era apertada... Estudantes, nós morávamos numa travessa da Brigadeiro Luís Antonio, Rua Humaitá, e nós tomávamos bonde, aquele bonde aberto, e íamos até Vila Mariana, que naquele tempo era um bairro mais afastado, conversando, porque era um modo de passear... Não tínhamos dinheiro, então era um modo de passear... Então ele era muito espirituoso. Era engraçado, mas falava baixo. Aquela gritaria e Zeca nunca elevava a voz... Sabe, um monte de estudante tudo conversando, cada um dando seu palpite e o Zeca era sempre quieto, discreto... Era baixinho, pequenininho, mas sempre dando uma piada, mas sempre uma ironia sobre alguém... Não sei, mas acho que esse é um lado dele que talvez seja desconhecido... Aliás, a família toda é piadista..."[52]

Envolvido por um ambiente ruidoso e agitado, em que a vaidade e a arrogância não raro se arvoravam em retóricas, maneiras e discursos empolados, José Geraldo destacava-se por seu jeito humilde, despretensioso e simples, que ao mesmo tempo desarmava e atraía. Granjeou, assim, muitos amigos e admiradores que logo descobriam, por detrás da sua simpatia e

---

[52] Entrevista com Maria Prudência de Vasconcellos Rezende, Ibid.

simplicidade, uma inteligência potente aliada a uma vasta cultura e erudição.

Desde muito cedo na Faculdade participou dos debates e círculos culturais. Em 1934, ano seguinte ao seu ingresso nas "Arcadas", era empossado como "imortal" na Academia de Letras da Faculdade[53], revelando dotes literários.

Segundo Rosário Benedicto Pellegrini,

"José Geraldo Rodrigues de Alckmin, desde o verdor dos anos, demonstrou grandes pendores para a literatura. Nas Arcadas formava entre os estudantes que elevariam o seu nome, e contribuiriam para o aprimoramento de suas letras. Possuidor de sólida cultura, desde muito cedo freqüentou os nossos clássicos. E, dotado de extraordinária memória, declamava e ainda declama, com segurança, os sonetos e os cantos dos Lusíadas *de Camões. Dir-se-ia mesmo que é dos que lendo uma página digerem um compêndio. Em suma, portador de lúcida memória fotográfica, a leitura de um texto de lei, de um acórdão, de um soneto, são repetidos sem omissão de uma palavra. (...) Assim, este vigoroso talento desabrochou na Academia em plena aurora da vida – mas logo o magistrado trairia o literato, porque a sua verdadeira vocação era realmente a de ser um nobre juiz – apesar de ser também um profes-*

---

[53] Cf. Convite para Cerimônia de Posse dos novos "imortais" da Academia de Letras da Faculdade de Direito de São Paulo. Maio de 1934. AJGRA, pasta 9, doc. 47.

sor consumado de direito.

João Accioli, apresentando a quarta edição de suas poesias, reunidas no volume Olho D´Água, *salienta que José Geraldo Rodrigues de Alckmin deixou a literatura depois de concluir o curso acadêmico, o que confirma, portanto, o que acima dissemos."*[54]

Apesar de não termos conseguido localizar nenhuma produção literária desse tempo, a leitura de suas cartas, escritas na época ou pouco tempo depois, ajuda a vislumbrar, de certa forma, o talento do jovem Alckmin como escritor. Talento que se revela, como veremos mais adiante, através da mesma ironia fina, inteligente e divertida que caracterizava sua maneira de ser.

Depois de ter passado uma curta temporada residindo na Rua Voluntários da Pátria, José Geraldo mudou-se para a Rua Humaitá 45, onde funcionava a pensão de Da. Sinhana Rangel, uma senhora de Guaratinguetá que recebia jovens estudantes de sua terra natal. Foi ali que conheceu Ana Maria (Anita), filha de Da. Sinhana, sua futura namorada e esposa.

A vida não era fácil e os recursos, escassos para o estudante filho de mãe viúva. Por isso, rapidamente, começa a buscar algum emprego, fora do horário das aulas, para arcar com suas despesas. Em carta escrita para a irmã Janira, datada de

---

[54] PELLEGRINI, Rosário Benedicto, Discurso na Sessão de Câmaras Reunidas do Tribunal de Impostos e Taxas de São Paulo em homenagem à nomeação do Des. José Geraldo Rodrigues de Alckmin para o STF. São Paulo, 19 de outubro de 1972. Documento avulso. AJGRA, pasta 1, doc.1.

junho de 1934, revela estar prestando concurso para trabalhar no Correio e reclama da quantidade de exames.[55] Mas parece que foi como estagiário no escritório de advocacia de seu tio, Artur Ravache, que José Geraldo encontrou um meio mais interessante de se sustentar, ao mesmo tempo em que vivenciava a prática do direito.

Caracterizado por seus ex-colegas como sóbrio amigo do estudo e inimigo da boemia, José Geraldo não dispensava, entretanto, uma boa festa, quando a oportunidade surgia – além, é claro, dos passeios de bonde até a Vila Mariana, como já se viu. Sua vida de estudante esteve longe de se restringir às bibliotecas e livros. Em carta de setembro de 1934, revela à sua irmã Janira:

> *"A carta de hoje é para contar as novidades: o mês que passou teve duas festas: fui a Campinas com o Armandinho; muito povo, visita à Normal, conversa com as normalistas, namoro com quatro ou cinco, para escolher a melhor. Acadêmico de Direito é ultracotado. Arranjei logo de chegada (da estação para o centro) uma loirinha. Depois de um dia de prosas, um jantar no hotel, por seguro houve banquete e baile (começou, o baile, às 12 ½ da noite). Dancei bastante (com a loura, está claro) e às 5 da manhã, meia volta. A segunda foi na casa do Milcíades. Conhecidos: Dudu Carneiro, as duas filhas do 'seu' Janjão*

---
[55] Carta de José Geraldo a Janira Alckmin, de 23 de junho de 1934. AJGRA, pasta 17, doc. 2. Nesse episódio José Geraldo segue os passos do pai que, décadas antes, quando estudante normalista em São Paulo, também trabalhou nos Correios.

Ottoni (que me contaram estar você no Rio...) as três W. Galvão de França, magras como um dia de fome, e só. O resto fiquei conhecendo, e ficamos na dança até 3 hs.
Isto é um mês cheio aqui em S. Paulo... Melhor que isso: fui umas quatro vezes ao cinema (matineé, em geral) acompanhado. E é só."[56]

Com o início do namoro – este sério – com Anita Rangel, as festas com danças até altas horas começaram a escassear, pois a filha de D. Sinhana tinha horário para estar em casa[57], mas não os passeios e, principalmente, as *matineés* nos glamurosos cinemas da São Paulo dos anos 30.

Assim, entre aulas, estudos, círculos literários, passeios, namoro, bailes e também trabalho, José Geraldo foi traçando sua trajetória de acadêmico de Direito na cidade grande, preparando-se para a iminente carreira de advogado e juiz que começaria em breve.

Tendo recebido seu Certificado de Promoção do 5º ano em 11 de novembro de 1937, José Geraldo Rodrigues de Alckmin obteve o grau de Bacharel em Direito no dia 18 de janeiro de 1938, em cerimônia realizada no Teatro Municipal de São Paulo.

---

[56] Carta de José Geraldo a Janira Alckmin, de 6 de setembro de 1934. AJGRA, pasta 17, doc. 3.
[57] Cf. Entrevista com D. Anita Rangel Alckmin, realizada em São Paulo, no dia 17/02/2003.

2

De Advogado a Juiz

LUTAS DE UM ADVOGADO RECÉM-FORMADO

Recém-formado, José Geraldo continuou durante algum tempo trabalhando com seu tio Artur Ravache, que, além da advocacia, administrava outros negócios. Rapidamente, entretanto, começou a buscar novos rumos, a ansiar por novos desafios.

Depois de um ano de formado, suas expectativas se voltavam para o futuro. Nesse meio tempo, seu namoro com Anita se consolidava e é através das cartas que lhe escreve, durante as temporadas dela em Guaratinguetá, que se pode acompanhar o seu cotidiano nessa época, assim como vislumbrar os seus planos e conhecer melhor a sua rica personalidade.

Em carta de 18 de janeiro de 1939, comemorando um ano de formatura, escreve:

"Um ano, correndo, sem nada de prático; valia a pena?

(...) Se você soubesse como tenho ficado inútil! Nem mesmo para trabalhar tenho coragem. Fico pensando, pensando..."[58]

A ausência da namorada, a solidão, lhe entristece e, associado a isso, a falta de perspectivas profissionais, depois de um ano de luta, parece lhe causar certa decepção: "valia a pena?"

Nas poucas cartas que se conservaram dessa mesma época – um pouco antes e um pouco depois – percebem-se as diversas tentativas que o jovem advogado vinha fazendo para encontrar uma certa estabilidade e definir um rumo para sua vida. Em uma, do dia 12 de janeiro do mesmo ano, revela um plano frustrado de se tornar industrial. Depois de reclamar das dificuldades em trabalhar no escritório "dos alemães"[59], confessa:

"Não é à toa que ando com vontade de ser industrial... Ando estudando o negócio dos carvões: ia tudo bem quando surgiu o tal do Panadés – o que quer se associar comigo – e trouxe uns memoranda (memoranda *é o plural do latim* memorandum – *que pode ser pluralizado, portuguesmente, memorandums – para alguma coisa sirva a gramática!) em que tratava de 'sua meretíssima' – abreviado S. mm. (?!!) – e fazia um artigo dispondo uma coisa, e no de baixo escrevia: 'art. 4º: Dada a iniqüidade de procedência do art. anterior fica revogado.' (!!) É lou-*

---
[58] Carta a Anita Rangel, São Paulo, 18 de janeiro de 1939. AJGRA, pasta 26.
[59] Artur Ravache, irmão de D. Ida Ravache, cuidava fundamentalmente dos negócios jurídicos e administrativos da colônia alemã em São Paulo, graças à sua ascendência germânica.

co o homem, coitado! Adeus indústria de carvão!"[60]

Em outra, de 19 de janeiro, fala a respeito de nova oportunidade, desta vez na esfera pública:

"Ontem, fui convidado para ser suplente de Presidente das Juntas do Trabalho do Ministério do Trabalho – é uma espécie de juiz de briga entre empregado e patrão. Parece que ganha pouco, mas vai haver uma reforma em junho e aí sim. Aceitei e estou à espera de que o Getúlio me nomeie."[61]

A nomeação saiu poucos dias depois, a 8 de fevereiro. Nessa data, escreve a Anita:

"Irei ao Palácio das Indústrias, e permita Deus que isso tenha o futuro que deve ter. Por isso, de agora em diante, não se esqueça de que sou juiz... (embora deva valer menos que juiz de futebol...)"[62]

Não era essa, no entanto, a magistratura que o futuro reservava ao jovem advogado. Porém, enquanto o futuro não vinha, José Geraldo continuava "cavando" outras oportunidades.

Em fins desse mesmo agitado primeiro mês de 1939, ele decide deixar o escritório de seu tio. Estabelece sociedade com

---
[60] Carta a Anita Rangel. São Paulo, 12 de janeiro de 1939. AJGRA, pasta 26.
[61] Ibid. São Paulo, 19 de janeiro de 1939. Idem.
[62] Carta de 08 de fevereiro de 1939. Ibid.

Ary Fontoura Frota, ex-colega de turma na Faculdade, e alugam uma sala na Rua Major Diogo, que, segundo suas palavras, "é um verdadeiro fim de mundo". Inquietos, além dos assuntos estritamente jurídicos, a sociedade entre os dois abrange também outros ramos do comércio. Em carta de 28 de janeiro anuncia à sua namorada:

> *"Pois é, lá vai uma novidade de arromba: acabo de montar uma livraria, de sociedade com o Frota, cinco contos de capital... Se não estou louco, e varrido, varridíssimo, não sei, não... Mas creio que só hoje já temos um pedido de 500 $ de livros. Se der certo, em junho creio que compro um automóvel, para descontar os calos que fiz nos pés, andando como tenho todos estes dias até 6:30, 7 horas da noite.*
> *Chama-se ela (ela, livraria) 'Cultura Brasileira' (ltda) e acha-se instalada onde eu e o Frota estamos: domicílio ambulante...*
> *É um negócio com a Livraria Globo, de Porto Alegre, que nos dá 40% do preço dos livros das edições dela. E assim vamos."*[63]

Paralelamente, além do escritório de advocacia, da livraria e das suas funções como juiz do trabalho, José Geraldo colaborava também na edição da *Garoa, Revista Moderna de Letras, Artes e Mundanidades*, em sociedade com Macedo, esposo

---
[63] Carta de 28 de janeiro de 1939. Ibid.

da irmã de Anita, proprietário da Agência Interior Ltda., que providenciava compras, informações, procurações e assinaturas para gente de Guará na capital. E tudo isso em meio a uma intensa vida social e cultural que incluía visitas diárias à Rua Humaitá – onde vivia Anita –, idas semanais ao cinema e aos estádios, mormente para ver os jogos da Portuguesa, time pelo qual se afeiçoou desde a sua chegada a São Paulo.

Assim iam as coisas quando, em meados de 1939, o jovem e inquieto advogado recebeu uma proposta que se apresentou como "a grande chance esperada": advogar para um fazendeiro, comendador, "homem dos mais ricos do Estado", dono de intermináveis extensões no Noroeste paulista. As perspectivas financeiras eram alentadoras, pelo menos em tese. Entretanto, aceitar a proposta significava deixar, pelo menos por um tempo, São Paulo e, com isso, principalmente, a namorada... Depois de refletir longamente, de forma realista e pragmática, como era do seu feitio; sabendo que "todo começo tem de ser difícil"[64], José Geraldo decidiu aceitar o desafio. Com aperto no coração despediu-se da família, da sua querida Anita, e embarcou, no dia 15 de outubro de 1939, no trem da Cia. Noroeste, com destino à longínqua Valparaíso, cidade recém-aparecida no cenário vasto e inóspito do Oeste paulista em pleno desbravamento.

---

[64] Carta a Anita Rangel. Valparaíso, 16 de novembro de 1939. AJGRA, pasta 27.

EM VALPARAÍSO

Em fins dos anos 30 a "longa marcha para o Oeste" atingia os confins do Estado de São Paulo. A linha de ferro da Noroeste esbarrava nas barrancas do Paraná, transpondo os limites do Mato Grosso. Da noite para o dia "cidades" apareciam em meio a uma paisagem selvagem, recém-devastada. A mata retorcida, meio cerrado, dava lugar a campos, pastos, plantações, com predomínio ainda do todo-poderoso café. As extensões de terra, planas a perder de vista, eram delimitadas em fazendas intermináveis, propriedades de uns poucos desbravadores aventureiros, ricos e espertos como o comendador que contratara José Geraldo. Esparzidas em núcleos coloniais, quase acampamentos, as famílias de lavradores, muito pobres e sem instrução, sobreviviam. Finalmente, transportado pelos comboios que deslizavam pelos trilhos recém instalados, havia o pequeno exército de advogados, juízes, médicos, comerciantes, políticos, administradores, que procuravam oportunidades nesse novo Eldorado e traziam na bagagem as virtudes e as mazelas da civilização.

Nesse contexto, Valparaíso é um exemplo emblemático. E, melhor ainda, a Valparaíso descrita por José Geraldo Rodrigues de Alckmin em suas cartas para a namorada. Através delas podemos quase *ver* o pequeno povoado perdido do Oeste paulista, ao mesmo tempo em que nos informamos a respeito da vida, trabalho, sentimentos e sonhos do jovem advogado. Por fim, através delas também podemos vislumbrar o José Geraldo escritor, "imortal" da Academia de Letras da Faculdade de Direito, que, "desertor" da literatura sem deixar pistas, emerge com todo o vigor e qualidade nessas verdadeiras "peças literárias" que são as cartas de Valparaíso.

Depois de uma noite e um dia inteiro de viagem, José Geraldo chegou, a 16 de outubro de 1939, "num 'prego' danado", a Valparaíso – distante uns 750 quilômetros da capital. Instalou-se no Hotel Gomes e de lá, na mesma noite, escreve a Anita:

> *"A cidade não é tão ruim – uma droga! – mas o sono é grande e as saudades maiores. (...) Já encontrei gente conhecida e o isolamento (salvo seja!) fica menor assim."*[65]

A melhor – e mais deliciosa – descrição, entretanto, José Geraldo faz, mais detidamente, dois dias depois, em carta de 18 de outubro. A qualidade do documento justifica e desculpa a largueza da citação:

> *"Anita,*
> *Não pude esperar a 5ª feira, e escrevo agora, 4ª, às 10 hs. Da noite, com uma luz 'elétrica' (casas e hotéis têm gerador elétrico) que vale menos que vela.*
> *Hoje fui almoçar em Aguapeí – veja o mapa – com o comendador, o juiz e o prefeito de Três Lagoas – veja o mapa – e um engenheiro da E.F. Noroeste.*
> *Tive de passar o dia lá. Por enquanto, meu trabalho é não fazer nada... nem 5 minutos por dia.*

---

[65] Carta a Anita Rangel. Valparaíso, 16 de outubro de 1939. AJGRA, pasta 27.

Mas a vida aqui... Parece mentira: já estive muitas vezes longe de casa, em cidade estranha, mas isto é o Noroeste. Só quem vem aqui sabe o que é isso. Somos, no hotel, um advogado, Soares, do S. Joaquim, um moço médico baiano (Ari), juiz, promotor (dois sujeitos que passam o dia estudando) (...) mais médicos (há 6!) etc. E compomos a 'Legião Estrangeira'. Porque isso é igualzinho a ela. Aqui não há famílias (moças, pode ficar sossegada: não há uma!) não há casas, nem lugar direito. É sol (34°) e poeira – areia, como no deserto! E todos nós sonhando com dar o fora, sumir daqui para qualquer lugar. S. José do Barreiro, Silveiras e Areias são um verdadeiro paraíso comparado com isto. Mas você nunca poderá ajuizar – só vendo!

Só ando com prefeito, delegado, etc., e todos me tratam muito bem – pudera! Mas, da terra, não há uma família. Tirando os 'doutores', o resto é tudo caboclo, analfabeto. Uma fazenda perto disto é um céu! Mas... há dinheiro de uma maneira incrível! O mais miúdo é nota de 5. Níquel não há. E creio que conseguirei tirar uns dois contos por mês. Só mesmo para ganhar dinheiro à beça. Mas... é preciso pensar no futuro... E sem sacrifício agora dificilmente se poderá fazer a vida melhor. (...)

Hoje era o dia do Paramount... A estas horas, lá estava o Zé Alckmin a ver **Mr.** *Moto e outras coisas boas... Depois, a rua, gente, luz elétrica, asfalto, árvore, bonde... E alguma coisa que empresta encanto a tudo isso e que você sabe quem é... você! (Meu Deus! Como estou romântico!) Veja se por aí pode calcular o que é isto aqui...*

O pior, aqui, é à tarde, depois do jantar. É a hora do 'caffard'. Se você já leu algo sobre a Legião Estrangeira sabe o que é isso. É desespero – mas desespero mesmo – saudade, tédio, mal estar, etc. misturado como 'cocktail'. Porque depois do jantar é hora da família, da conversa com a noiva, etc. E nós, pobres legionários que só temos a prosa para nos distrair, pois beber é feio e em cidade pequena é medonho, ficamos nas cadeiras, quietos e solenes, como estátuas na entrada do hotel...
Já no primeiro dia estive aqui com o José Otoni, de Guará, que cá estava – foi hoje para Birigui. Estava desesperado... Eu inda sou dos mais resistentes, talvez porque me consolo com a idéia de dar duro, arrancar cobres e ir todo mês a São Paulo."[66]

O cenário não podia ser mais desolador. Para alguém tão citadino, tão amigo das maravilhas e comodidades da civilização – apesar de nascido na roça –, tão afeito à vida cultural e social da capital, além do convívio com parentes, amigos, namorada, aquilo – Valparaíso – tomava a feição de um verdadeiro exílio; um posto avançado da Legião Estrangeira.[67] O sacrifício, entretanto, valia, já que até então nenhuma oportunidade tão promissora como essa havia aparecido em São Paulo, depois de tantas tentativas e "burros n'água". O projeto era,

---

[66] Carta a Anita Rangel. Valparaíso, 18 de outubro de 1939. Ibid.
[67] Em carta a Janira, ainda quando estudante de Direito, confessa: "Palavra que tirando minha terra, prefiro S. Paulo: aqui a gente tropeça com conhecidos de hora em hora, o que dá a impressão da cidade ser pequena." Carta de 6 de setembro de 1934. Ibid.

pois, "dar duro, arrancar cobres e ir todo mês a São Paulo", na esperança de que em breve esse retorno pudesse ser definitivo. O momento não era de afundar na nostalgia de um passado que quer se transformar em futuro, mas de 'arregaçar as mangas' e cuidar do presente.

Logo ao chegar, José Geraldo se apresentou ao Dr. Travassos, dono do escritório de advocacia que servia ao comendador fazendeiro, cuja sede ficava em Andradina. No começo, o serviço era bem pouco, "quase nada, ou nada". Às vezes, "por desfastio", inquiria algumas testemunhas em ações "a respeito de terras, como todas da zona".[68] No mais das vezes, seu trabalho era ficar no cartório, "na função filosófica de 'ver' lavrar um contrato [para o Comendador] – e ditar as cláusulas."[69] Fora do horário de trabalho, ou simplesmente quando não tinha o que fazer, lia revistas ilustradas: a *Cigarra* ou *Detective*, que Lauro, o tabelião interino do cartório, comprava em Araçatuba. À noite, no hotel, depois do jantar, ficava "proseando até as 8 e ½ , 9 horas, e aí [...] vou para o berço..."[70] A não ser quando há cinema, que acaba mais tarde, às 10.

> *"Aqui – conta em tom melancólico – o hábito é dizer o 'não há de ser nada'. Quando um da legião reclama da vida, do calor, da chuva (...) o estribilho é sempre esse –*

---

[68] Carta a Anita Rangel, de 23 de outubro de 1939. AJGRA, pasta 23.
[69] Carta a Anita Rangel, de 9 de novembro de 1939. Ibid.
[70] Carta a Anita Rangel, de 7 de novembro de 1939. Ibid.

'não há de ser nada'."[71]

Nos fins de semana, o "pessoal" – colegas hóspedes do Gomes – costumava ir para Araçatuba, em busca de laivos de civilização. Zé Geraldo, entretanto, vai pouco; prefere "ficar deitado, lendo a *Cigarra*"[72], pois, além de achar Araçatuba melancólica, não quer preocupar a namorada, dando azo a qualquer tipo de cisma ou suspeita.

Sua distração predileta em Valparaíso era o cinema. Em carta de 14 de novembro de 39, escreve:

> *"Domingo às 8 hs fui, com o Dr. Travassos, ao cinema assistir 'Miss Broadway', com a Shirley, que nós assistimos no Paramount... Como de costume, dois terços queimados. Depois fomos nos sentar na porta do hotel – tudo escuro e dormindo, e ficamos até ½ noite conversando.*[73]

Às vezes, a rotina da cidade era quebrada por algum acontecimento extraordinário: jogo de futebol ou teatro.

> *"Ontem, apareceu aqui uma 'companhia teatral'. Nós tomamos uma 'assinatura' para a 'récita' – 3 espetáculos, 12 $... Quando vi os elementos, quase que propus empastelamento – só gente de 50 anos, gorda e feia... Mas,*

---

[71] Carta a Anita Rangel, de 23 de outubro de 1939. Ibid.
[72] Carta a Anita Rangel, de 11 de novembro de 1939. Ibid. Nesta mesma carta completa: "...diga ao Macedo que só aqui, quando uma revista é uma distração, é que a gente percebe como a *Garoa* é ruim!"
[73] Carta a Anita Rangel, de 14 de novembro de 1939. Ibid.

apesar dos pesares, trabalhavam direito, e embora não lembrem o Procópio, não são piores que o Durães... Hoje é o 'Louco do 2º andar', e amanhã, 'Anastácio'. Ao menos serve para distrair à noite, que é a pior hora para a gente."[74]

Com o tempo, se Valparaíso continua sempre a mesma, o trabalho começa a aumentar. A 22 de novembro escreve:

"Dr. Travassos viajou por 20 dias, e estou com todas as causas (do comendador) na mão. Pela primeira vez tenho trabalhado alguma coisa."[75]

E, juntamente com o trabalho, o prestígio:

"Hoje passou o comendador, que veio de S. Paulo; tive de esperá-lo e ontem passei o dia em Aguapeí (...). O velho disse que o Travassos me fez vários elogios, e está encantado com a minha estadia aqui, e que ele também ficou muito satisfeito. Acho que vou pedir aumento, ou uma fazenda..."[76]

Poucos dias depois, o comendador o chamava a Aguapeí para autorizá-lo a fazer saques em dinheiro em seu escritório, para despesas com escrituras etc. E comenta:

"Viu que confiança? Sou o único que tem essa regalia,

---

[74] Idem.
[75] Carta a Anita Rangel, de 22 de novembro de 1939. Ibid.
[76] Carta a Anita Rangel, de 24 de novembro de 1939. Ibid.

embora eu prefira e continue a mandar as contas e que eles paguem diretamente".[77]

A celebridade geral veio, entretanto, logo em seguida, em função de um caso onde ele pôde exercitar toda sua "arte" advocatícia. Em princípios de dezembro de 1939, o juiz da cidade, Dr. Cataldi, pedia para que ele defendesse um "cavalheiro que deu um tiro no patrão que dormia..."[78] O réu não tinha recursos e por isso a convocação por parte do juiz. "Absolver é impossível – pondera na carta – mas se eu cavar o mínimo já obtive uma grande vitória". E, em tom de broma, ainda escrevia:

"Vou citar Os Lusíadas, *canto não sei quanto: 'Algum ali tomou perpétuo sono – e fez da vida ao fim breve intervalo'."*[79]

No dia do júri, defendeu o réu alegando "que ele não queria matar e sim ferir", e assim conseguiu "desclassificar de tentativa de morte para ferimento leve!" A pena, a princípio estimada entre oito e vinte anos, acabou decretada em "1 ano de cadeia!"[80]

"Foi um sucesso – conta – e como ninguém conhecia a minha oratória, parece que impressionou muitíssimo bem. Todos ficaram maravilhados. Foi o assunto da cidade, e é

---

[77] Carta a Anita Rangel, de 28 de novembro de 1939. Ibid.
[78] Carta a Anita Rangel, de 2 de dezembro de 1939. Ibid.
[79] Idem.
[80] Carta a Anita Rangel, de 5 de dezembro de 1939. Ibid.

> *voz corrente de que eu sou o número um da zona em júri!...*
> *Se você visse o sucesso! A velha oratória do Zé Alckmin é*
> *pesada, e a arte de sofismar e responder de cara assom-*
> *brou!..."*[81]

Apesar do sucesso e da fama, José Geraldo não alimenta ilusões quanto à carreira de advogado no interior, "porque isto aqui é bom, mas não é muito!"[82] E o que mais lhe preocupa é a estabilidade. Começando já a pensar em casamento[83], pondera, com Anita, que "acha muito arriscado a gente contar com coisa incerta – como seja o que ganharei se continuar como advogado..."[84] E, desde então, passa a considerar a possibilidade de entrar para a magistratura.

O primeiro a lhe despertar a idéia parece ter sido o juiz Cataldi, que após a "grande vitória" no júri, sugere-lhe que "fizesse concurso para juiz substituto."[85] Entretanto, o pensamento de que, como juiz, tivesse que "andar correndo o Estado", não lhe agradava.

> *"Se ainda eu ficasse em Ubatuba, que é a beira-mar, ia*
> *tudo às mil maravilhas. Mas cair em lugar como este, ou*
> *como Andradina, deve ser pior do que ser exilado."*[86]

---

[81] Idem.
[82] Carta a Anita Rangel de 6 de dezembro de 1939. Ibid.
[83] Em carta a Anita, de 13 de janeiro de 1940, escreve: "Aqui o pessoal me perguntou quando me casava, e eu disse que é 41, começo. Será que pode ser?"
[84] Carta de 4 de junho de 1940.
[85] Carta de 6 de dezembro de 1939. Ibid.
[86] Carta a Anita Rangel, de 8 de dezembro de 1939. Ibid.

Enquanto as coisas não se decidiam, porém, José Geraldo continuava a trabalhar e a esperar. Além dos serviços referentes às questões do comendador e a uma falência da qual é síndico, dedica-se, cada vez mais, aos processos de crime, nos quais trabalha de graça, pois "os réus são pobres, e o juiz pede para a gente defender."[87]

"Mesmo assim – completa – tenho feito o que posso, e graças a Deus não mostrei nenhum desleixo por serem os coitados 'não lucrativos' para mim."[88]

O ano de 1940 começa com um aumento considerável na carga de trabalho. Em 18 de janeiro escrevia:

"Ontem passei desde sete e meia às 13 escrevendo a defesa do Carlos e Nito – empregados (do comendador) – e fiquei das 13 às 7 da noite no julgamento, ouvindo testemunhas, etc. A sentença será por estes cinco dias. (...) E talvez ainda tenha de servir de promotor amanhã, no caso do Milton (sumário) – que é uma caso de repercussão, e se não vier promotor o Dr. Cataldi (juiz) quer que eu sirva, porque sou o 'melhor' daqui – o resto já estraga o processo."[89]

---

[87] Carta de 6 de dezembro de 1939. Ibid.
[88] Idem.
[89] Carta a Anita Rangel, de 18 de janeiro de 1940. Ibid. O "caso do Milton" é uma tentativa de assassinato por parte do Milton, médico hospedado no Hotel Gomes, contra o Amaral, delegado de Valparaíso, por motivos de rixa e vingança. Cf. Carta a Anita Rangel, de 28 de novembro de 1939. Ibid.

E no dia 22:

"O serviço está terrível por aqui. Não há um minuto de descanso, inda mais com o trabalho dos impostos e agora a do Travassos.
Tenho tanta coisa a fazer que até nem faço nada. O dia passa, e fico com a impressão de que nada andou."[90]

No dia primeiro de março conta:

"Ontem estive até 11 hs trabalhando – parece que isto aqui já virou S. Paulo, e tenho de trabalhar o dia todo – com uma diferença – aqui só se trabalha a peso de ouro."[91]

Toda essa atividade, quase frenética, aliada à solidão e às incertezas em relação ao futuro, começou a interferir na saúde do jovem advogado, que, nas cartas dos primeiros meses de 1940, reclama, freqüentemente, de cansaço, irritação e achaques mais sérios, como alta de pressão e "incômodo na aorta". Consulta o médico, começa a fazer ginástica e tentar se distrair um pouco mais, mas o enfado não pára de crescer e, em junho, confessava:

"Nunca como agora sinto chatérrimo isto aqui. E creio que mais que uns meses não fico. Já vou providenciar os papéis e começar a série de concursos para juiz."[92]

---

[90] Carta a Anita Rangel, de 22 de janeiro de 1940. Ibid.
[91] Carta a Anita Rangel, de 1 de março de 1940. Ibid.
[92] Carta a Anita Rangel, de 4 de junho de 1940. Ibid.

Para a tomada de decisão deveu contar, além de todos esses fatores, um episódio significativo, ocorrido poucos meses antes e narrado numa carta para Anita em 11 de abril de 1940. Tratou-se de um desentendimento entre José Geraldo e seu cliente, o comendador. Escreve:

> *"Ontem não escrevi porque fui brigar com o comendador. Ele, anteontem, quando fui lá, caiu na asneira de dizer que eu cometi uma 'gafe' numa escritura, porque não fiz o que ele mandou, etc... Naturalmente que, acostumado a gritar com o pessoal todo, achou-se delicado ainda, e me convidou para jantar ontem. Eu quase disse desaforo para o velho, na hora, mas me controlei e fui lá ontem. Não para jantar, mas para brigar com ele, para que ele visse que eu tinha pensado bem no caso. E disse-lhe duas dúzias de verdades, dessas que ele não ouve há muito tempo. E pedi que ele mandasse outro, pois que não admito que leigo dê palpite, e muito menos que cliente pense que 'manda' em mim. Que eu não sou moço de recado, etc. O velho se desculpou logo, que é jeito dele falar com liberdade, é gênio, etc. Mas eu disse que era meu gênio também não admitir observações, e que se o Travassos e o Nazareno admitem, eu não admito. Que, por isso, era bom nos separarmos, como amigos, ontem, para evitar que amanhã ele fizesse outra e eu respondesse com trezentos desaforos. O velho se desmanchou em desculpas, que eu não ficasse ressentido, etc, mas eu dei duro, e vim embora para ficar até dia 1º. Hoje cedo ele veio me procurar, e só vendo! Basta dizer que ficou no Banco, me esperando – o Benetti foi ao*

hotel me buscar de auto – e quando eu entrei na sala ele se levantou para vir me cumprimentar. E disse que, se a causa de eu sair é essa, que ele não queria, pois não é por eu ser advogado, mas amigo, e me admirar muito. Que se comprometia a não dar palpites, e estivesse certo ou errado em qualquer caso, que quem mandava era eu – e ele ficaria quieto. E só vendo os protestos de calar a boca! Não tive remédio senão dizer que – para eu mandar, e resolver como quero tudo – eu ficava. E o velho ainda disse que, se amanhã eu tiver coisa melhor, ele quer que eu saia, pois quer me ajudar, etc...

Pela primeira vez, creio, (o comendador) encontrou um homem pela proa, que não lhe respeita os cobres – e soube ser direito, dando a mão à palmatória. Isso é inacreditável quase, e o Travassos e o Nazareno arrebentam de inveja... O velho Zé Alckmin não nasceu para lacaio, e tenho a impressão de que desde ontem, (o comendador) aprendeu o que é um sujeito duro. Fiquei até chateado com a humildade dele."[93]

Depois do ocorrido, apesar da sua "vitória" na "briga" e manifestação de arrependimento do cliente com vocação para "senhor feudal", José Alckmin deveu ver mais claramente o seu destino. Por outro lado, o episódio – juntamente com outros anteriormente narrados – explicita de forma clara o seu

---

[93] Carta a Anita Rangel, de 11 de abril de 1940. Ibid.

amadurecimento não apenas enquanto profissional, mas enquanto homem, pessoa. *Pari passu* com o rapaz inteligente, culto, irônico e brincalhão, emerge também um homem de personalidade madura, realista, segura, constante e equilibrada: trabalhador, sem ser "caxias"; honesto, sem ser moralista; devotado e humano, sem ser paternalista; amoroso, sem ser piegas. Suas cartas, mais do que qualquer outra fonte, mostram isso de forma insuspeita. Não apenas pelo que narram, mas também por aquilo que confessam, pelo que dizem a respeito dele mesmo.

José Geraldo era um desses homens a quem se aplica o adágio "a humildade é a verdade". Humilde de verdade, não deixa de fazer "elogios" a si mesmo, em tom de troça e brincadeira. Entretanto, conhece e reconhece suas limitações, suas fraquezas e também faz troça delas: "... e espero que você continue a gostar deste sujeito neurastênico – (não creio) gordinho e baixinho, que se julga superior, etc, etc..", escreve a Anita, de Valparaíso.[94] Humano, não se faz de mártir, e reclama; do calor, da ausência, da distância. Por outro lado, não se deixa levar pelo sentimentalismo ou pela melancolia. É rijo, constante, sem, entretanto, ser duro. A jovem Anita, cinco anos mais nova que ele, muitas vezes reclamava do estilo de suas cartas, o qual considerava muito "seco". José Geraldo respondia:

> *"Há certas coisas que a gente não deve fazer – e uma delas é literatura em carta – e eu detesto ser artificial de*

---
[94] Carta de 4 de junho de 1940. Ibid.

todo o jeito. Sou... natural, – embora você não goste de vez em quando da minha naturalidade... (Se você não entender, meu bem, não tem importância...)"[95]

E, em outra ocasião:

"Agora, por exemplo, escrevi à Mamãe – e terminei – 'a Sra. abençoe o Zeca'. Isso não é seco? É. E eu queria que ela soubesse, naturalmente, que tenho saudades dela, etc... Mas como escrever isso em miúdos, sem ser piegas, maricas (...) ou coisa que o valha? Para uma mulher, está muito bem que escreva em diminutivos e carícias – é feminil, e próprio do sexo... Mas um homem, a andar com 'inhos' e 'zinhos' – pedra nele! Um diabo desses tem medo de assombração e foge de baratas. (...) Se minhas cartas não fazem concorrência ao Guy, nas 'Sociais' do Estado, é porque aquilo é literatura, e por isso mesmo, postiço. E minhas cartas são como eu sou. Sou franco, e se falta açúcar, falta no escrito, mas na intenção existe uma usina inteira..."[96]

Plenamente decidido quanto aos seus sentimentos, plenamente seguro quanto a si mesmo, suas idéias, seu estilo de escrita e maneira de ser[97], José Geraldo, aos 25 anos encontra-

---

[95] Carta de 9 de novembro de 1939. Ibid.
[96] Carta a Anita Rangel, de 22 de novembro de 1939. Ibid.
[97] Sobre este aspecto, interessante o trecho em que afirma de si mesmo: "Minha filha, eu sou como o Pão-de-Açúcar. Eu sou áspero, mas firme como a Sul América, quero dizer, como o Pão-de-Açúcar; e creio que isso é direito, pois não muda, não varia e é sempre o mesmo." Carta a Anita, de 22 de novembro de 1939. Ibid.

va a maturidade suficiente para decidir de vez sua carreira: seria juiz.

Em junho de 1940, escreve a Anita, comunicando que pretendia aproveitar as férias, que se aproximavam, para ir a Guará, "pescar e estudar para concurso."[98] Tendo deixado Valparaíso antes do final do mês, para lá não mais voltou. Ainda durante o ano de 1940 prestaria, sucessivamente, dois concursos de ingresso à Magistratura.[99] Aprovado em ambos, só no segundo recebeu a nomeação do governo, a 12 de dezembro de 1940, para ocupar o cargo de juiz substituto da 8ª Secção Judiciária, de Mogi-Mirim.[100] Nesse meio tempo, oficializaria também o seu noivado com Ana Maria Rangel.

---

[98] Carta de 4 de junho de 1940. Ibid.
[99] Cf. MANSO, Young da Costa, *Ministro Rodrigues de Alckmin*. Op. cit., p. 12.
[100] Relatório de Dados Pessoais do Magistrado José Geraldo Rodrigues de Alckmin. Departamento Técnico-Administrativo de Pessoal da Magistratura, DETAPM –3. Cópia no AJGRA, pasta 13.

Zeca e Anita

O hotel, em Valparaíso

Na rua principal de Valparaíso

3

De Juiz a Desembargador

VOCAÇÃO

Tomando como base o que o jovem advogado José Geraldo Rodrigues de Alckmin escreveu em suas cartas para Anita, durante sua estada em Valparaíso, poder-se-ia concluir que a opção pela magistratura se deu por motivos estritamente objetivos e pragmáticos: desejo de uma maior segurança e estabilidade, a fim de constituir família e viver tranqüilo – de preferência à beira-mar. Entretanto, os fatos, a própria vida do juiz Alckmin – mais do que os testemunhos e afirmações de terceiros – são suficientes para retificar essa primeira impressão. Sem desqualificar esses primeiros motivos – pois de fato, como estivemos vendo, o realismo e a simplicidade são como que marcas registradas da sua personalidade –, contaram, sem dúvida, outros, de ordem mais subjetiva e existencial: a vontade, o gosto por ser juiz. Tais motivos talvez não transpareçam, pelo menos explicitamente, nas cartas que escreve para Anita – antes e depois de entrar para a magistratura – pelo fato de ele julgar que não fossem assim tão importantes para ela. Para a noiva, pensava José Geraldo, o que importava não era tanto a sua vocação, idealismo ou satisfação profissional, mas sim a estabilidade, a segurança, a certeza. Não que de fato isto não estivesse importando para ele, porém, em sua visão psicológica pragmática – e até nobre e desprendida, poderíamos dizer – o que interessava eram os sonhos e expectativas dela e não os seus. Por isso, nas cartas, muito amorosamente – ainda que sem um pingo de sentimentalismo –, amolda seus sonhos aos dela, omitindo detalhes subjetivos sobre seus sentimentos de idealismo e vocação, por considerá-los somente seus, sem transcendência objetiva.

O sentido da vocação, entretanto, nunca deixou de estar presente, antes e depois. E isso transparece, implicitamente, nas cartas que escreve já no exercício da magistratura, em forma de vibração e satisfação diante do trabalho – ainda que esse fosse demasiado – e, de forma mais explícita, na sua vida de dedicação à justiça e nas reflexões que faz posteriormente, em seus escritos e discursos, confeccionados em distintos momentos de sua carreira. Em setembro de 1964, quando da sua posse como desembargador do Tribunal de Justiça de São Paulo, afirmaria: "Sem vocação não há magistrado".[101] Frase esta que,

---

[101] ALCKMIN, José Geraldo Rodrigues de, Discurso por ocasião da posse como desembargador no Tribunal de Justiça de São Paulo. Ibid.

para José Geraldo Rodrigues de Alckmin, pouco ou nada afeito aos recursos de retórica, tinha o valor de um testemunho pessoal.

Simples, objetivo e discreto, José Geraldo escolhe a magistratura, fundamentalmente, porque se sente chamado, vocacionado; porque sente gosto, satisfação. Mas não faz muita questão de alardear. Nem mesmo para aquela que é a pessoa mais importante da sua vida. Sente-se chamado a ser juiz, sim. Mas isso é algo que só interessa a ele. É um assunto entre ele e Deus.

JUIZ SUBSTITUTO

Tendo sido nomeado juiz substituto da 8ª Secção Judiciária de Mogi-Mirim, José Geraldo tomou posse no dia 16 de dezembro de 1940.[102] Em fevereiro de 1941, encontrava-se já em Espírito Santo do Pinhal, comarca subsidiária de Mogi, em plena atividade. Demonstrando total desenvoltura em seu novo trabalho, escreve, na primeira das cartas que se conservam dessa fase:

"Minha noivinha,
Acabo, agora, de dar duas 'luminosas', porque o prazo esgota hoje. São 4 e ½, e do foro vou agora, correndo, ao cartório, entregar os autos. (...)

---

[102] Relatório de Dados Pessoais do Magistrado José Geraldo Rodrigues de Alckmin. Departamento Técnico-Administrativo de Pessoal da Magistratura, DETAPM –3. Ibid.

> *Ando com as saudades de sempre. E o trabalho, nestes dias, tem aumentado. Ontem preguei umas 6 vezes, outro hoje, e um patrão foi condenado a pagar indenização. Viu que atividade? (...)*
> *Amanhã, cedo, sumário de um processo de briga, entre um jornalista e um outro gajo da terra. Já ando cansado de pôr remendo em desordem de outros..."*[103]

Na mesma carta, relata também as gestões pertinentes aos preparativos para o casamento, que, como se pode perceber, já se avizinhava:

> *"Mobília, creio que vou mandar fazer aqui. Vi uma na casa do Dr. Milton, ótima, feita aqui. O homem da marcenaria está fazendo uma para o palácio do bispo de Botucatu, e eu creio que mando ele fazer outra para o nosso palácio..."*[104]

De Pinhal, o jovem juiz deslocava-se freqüentemente para São João da Boa Vista, cidade próxima, acumulando assim as duas comarcas.

> *"Segunda cheguei, peguei auto e fui a S. João, pois o Mané Carlos me convocou por telefonema, sábado – prova de urgência. S. João tem muito movimento; fui lá, assumi,*

---

[103] Carta a Anita Rangel. Espírito Santo do Pinhal, 6 de fevereiro de 1941. AJGRA, pasta 26. O estar "cansado de pôr remendo em desordem dos outros" diz respeito ao acúmulo de processos que encontra naquele foro, deixados pelo juiz titular.
[104] Idem.

dei a 'bença' para os auxiliares e voltei; fico lá 5ª, 6ª e sábado, aqui 2ª, 3ª, 4ª, para poder voltar 2ª cedo."[105]

Nas cartas subseqüentes, José Geraldo vai relatando seu cotidiano, que se reduz, quase que exclusivamente ao trabalho. Trabalha numa atividade quase febril:

"Soltei, ante-ontem e ontem, 4 sentenças. Hoje, a uma hora, sumário. São 11 e ½, venho do cartório, e escrevo pois o sumário vai até 5 hs, e eu fico preso, sem poder escrever."[106]

Terça e quarta – escreve de Pinhal a 9 de março de 41 – o dia inteiro sentado para julgar um desquite em Pinhal; e ainda adiei pois não tive tempo de ouvir todas as testemunhas."[107]

E, uma semana depois, de São João, escrevia:

"Quanto a serviço, basta dizer que, além do expediente das 8 às 5, ainda trabalhei 4ª e 5ª até ½ noite, e ontem até 2 horas da manhã. Dei três sentenças de oito folhas, cada qual mais complicada (...) Tenho de dar até 5ª, 4 sentenças: são importantes, as partes apelam e vão para o Tribunal, e não posso fazer asneira. É duro!"[108]

---

[105] Carta a Anita Rangel. Pinhal, 13 de fevereiro de 1941. Ibid. Mané Carlos: trata-se de Manuel Carlos, desembargador do Tribunal de Justiça, à época incumbido da administração judiciária no Estado.
[106] Idem.
[107] Carta a Anita Rangel. Pinhal, 9 de março de 1941. Ibid.
[108] Carta a Anita Rangel. S. João da B. Vista, 15 de março de 1941. Ibid.

Para poder escrever à noiva, usa os intervalos das audiências e, invariavelmente, se vê obrigado a fazer hora extra, trabalhando no sábado à tarde, depois do expediente. Não é à toa que, no meio de tudo isso, desabafasse: "Ando cansado, com sono de tanto trabalhar."[109]

Apesar de apreciar o trabalho, dedicando-se com entusiasmo e afinco, o juiz estreante não era bobo. Cumpre impecavelmente sua obrigação, com prazer até, porém começa a perceber perfeitamente as mazelas e injustiças que permeiam o sistema: juízes titulares que, sem grande amor ao trabalho ou mesmo sentido de responsabilidade e sem obrigação de prestar contas da sua "produtividade" – ainda não havia critérios de avaliação e controle –, desenvolviam o péssimo costume de deixar processos acumulados, que acabavam "sobrando" para os substitutos novatos, necessitados de mostrar serviço.

Toda essa realidade seria, mais tarde, revisitada pelo juiz, desembargador e ministro do Supremo Tribunal Federal, que, inconformista nato e reformador por necessidade, estudaria, refletiria e proporia incisivas mudanças estruturais no sistema, na intenção de corrigir seus principais vícios e injustiças. Mas sobre o José Geraldo Alckmin pensador e reformador do Poder Judiciário falaremos mais adiante.

Voltando agora ao juiz substituto da 8ª Secção de Mogi-Mirim, o encontramos, em abril de 1941, em Espírito Santo do

---
[109] Idem.

Pinhal, "'gavião-patando', a despachar cento e vinte bilhões de papéis", num ritmo cada vez mais alucinante. Porém, sem deixar de se divertir com o próprio trabalho. Em carta do dia 11, escrevia:

> *"Ontem também veio o comissário de menores, para me perguntar quais as minhas determinações sobre os 'namorados' de noite na rua. Eu então determinei que deixe os menores conversar com namorado até 10 hs, contanto que não seja no escuro...*
> *Isso é que se chama juiz camarada..."*[110]

Em julho do mesmo ano, curiosamente, José Geraldo aparece em São Paulo, no Juízo Privativo de Menores, onde, "para variar", encontra uma situação caótica:

> *"Esta semana foi horrível. Tudo o que é serviço do mundo caiu aqui, e tenho trabalhado do meio-dia às seis. Se Deus quiser, porém, deve ser indicado juiz para cá semana entrante, e espero férias no princípio de agosto."*[111]

E, de fato, em fins daquele mês, comunica à noiva sua ida iminente para Guaratinguetá, não sem antes deixar "em ordem todas as sentenças daqui". E, satisfeito, conclui: "Creio que fiz, aqui, uma verdadeira limpeza. Tudo estará em dia."[112]

Depois de retornar das férias, o dedicado juiz era desig-

---
[110] Carta a Anita Rangel. Pinhal, 11 de abril de 1941. Ibid.
[111] Carta a Anita Rangel. São Paulo, 19 de julho de 1941. Ibid.
[112] Carta a Anita Rangel. São Paulo, 26 de julho de 1941. Ibid.

nado para uma nova localidade, além daquelas de que já vinha cuidando: Patrocínio do Sapucaí. Cidadezinha de pouco mais de duas dezenas de habitantes, que lhe fazia lembrar, até certo ponto, sua velha Valparaíso. Escrevendo a Anita, um dia depois de sua chegada, a descrição que faz da localidade, de sua gente e de suas peculiaridades é de tal qualidade e interesse – além do que muito oportuna do ponto de vista da revelação da sua personalidade – que não vimos como não a transcrever quase na íntegra:

> *"Querida Noivinha,*
> *Cheguei ontem cedo, tendo vindo com o substituto de Campinas que ia para Ituverava... A 'cidade' é pertinho de Franca (15 minutos, 20, de auto) e tem 18 casas, quase todas em mau estado de conservação, um fórum e cadeia, tipo 1740, uma igreja regular e respectivo frade, um delegado tipo aquele-de-bigode-preto dos irmãos Marx, e com tanta inteligência como ele – luz elétrica visível a olho nu, água encanada, cinema semanal – só domingo – nenhum crime, nenhum processo, nenhuma desordem, nenhum serviço...*
> *Aparecida, perto disto, é capital. S. Bento, ou Roseira, regulam. É a comarca mais em paz, mais sem serviço, mais 20 horas de sono que há. O promotor é um contemporâneo de faculdade. À noite, reúnem-se promotor, médicos e escrivães na casa de um médico, para ouvir rádio e jogar poker.*
> *Como não fica bem eu ir, fico no 'hotel' e li um romance policial, tendo pegado no sono às 9 (nove)!!!! Horas...*

O hotel: único da terra: é um casarão velho e grande, onde se albergam juiz, promotor, e mais um ou dois médicos. (...)

O juiz daqui está, desde outubro do ano passado, substituindo o juiz de Piracaia, e lá ficará até maio futuro. Indecência do Tribunal, pois isto de juiz de Direito ir substituir outro, perto de S.Paulo, para ser substituído aqui é o que há de protecionismo e bandalheira. Se Piracaia fosse no meu distrito, eu faria um fusô. (...).

Quanto ao alojamento: Esvaziaram o 'salão de visita' do hotel, para me arranjarem um quarto de luxo.

O diabo é que, em 1880, ao venderem o prédio, os donos deixaram, pendurados na parede da sala, os 12 retratos dos parentes, (em ponto grande, 80 x 60) até a 3ª geração ascendente. E é um pouco esquerdo estar eu lá, em pijama, – ou menos – pitado severa e patibulamente pela tribo mil e oitocentista, cheia de coques, fitas, rendas, – e casacos, passa-piolho, gravatas-enforca-cachorro – as mulheres e os homens, respectivamente. Eu olho para a cara da moçada e caio no riso, pois as expressões são ótimas. São retratos do tempo de segurar o fotografado na canga. Enfim: a isto é que se chama dormir em público. Apesar disso, dormi de ontem às 9 a hoje às 8 ½. Levantei e fui – de paletó de pijama – à venda que acumula desde seda a arame farpado comprar este bloco, e este 'melhor envelope' – que diz bem das poucas tendências epistolares e estéticas da população (36 ou 40 pessoas) de Patrocínio do Sapucaí.

Ontem visitei a igreja — que é uma única construção bonita (!?) da cidade, regida por um agostiniano recoleto, que a iluminou toda, me fez a biografia das imagens, e ficou alegre por eu ser católico e — poço de bom senso! — como o promotor dissesse que era só meio católico, declarou que nós estávamos muito bons, pois de 'católico de mais' até o santo desconfia... Tempagonio, o reverendo.

População: ninguém nas ruas, ninguém nas casas. Tudo tem ar de mineiro — e se tiver ar só, ainda é bom. Comprei os cigarros 'Elmo' — aqui tem de 'todas as marcas', conforme, orgulhosamente, me disse o auxiliar do Prefeito — o Prefeito não pode dizer nada porque sofreu um desastre de automóvel que lhe partiu os queixos, mas veio me visitar — a cabeça do Prefeito não sofreu grande dano, — embora, na minha opinião, qualquer alteração violenta que nela se fizesse só se pudesse ser para melhor, tanto estética como intelectualmente.

Apesar disso, o 'Elmo', que 'tem', deve ser o primeiro fabricado pela Souza Cruz — se é que a Souza Cruz já funcionava em 1850. Traça é o que há de menos no cigarro — não se falando do fumo, que há menos do que traça.

Finda vida, Nhaninha. Nós, aqui, teríamos de aprender inglês para ler romance policial em estrangeiro, pois os escritos em português não bastam para as horas vagas de uma semana.

O Dr. Beo-Turpin — Delegado já veio me convidar para ir pescar, e pegou na prosa assunto peixe, revelando profundos conhecimentos sobre a matéria, só vencíveis pelos

do Promotor sobre garimpos – aqui foi lugar de cata de diamantes – e do médico sobre os zebus. Enfim, direito e medicina, mesmo, creio que as pedras e os zebus são os únicos conhecedores.
Chega de falar do Patrocínio."[113]

Na carta seguinte, de 25 de outubro, continua narrando, com sabor de crônica, seu pacato cotidiano, além dos tipos e casos deliciosos de Patrocínio de Sapucaí.

Depois de haver ajeitado seu "gabinete" no fórum, dedicou-se à leitura dos únicos livros ali existentes: os *Anais da Câmara do Deputados e do Senado*, de 1927 a 1930. "E fico lendo as discussões e os debates PRP x PD, porque não há nada a fazer."

"Levanto às 8, fico no quarto até 11, lendo os livros que o único advogado da terra – diretor do grupo – e que mora no hotel, me empresta. Até os 'Protocolos dos Sábios de Sião' – livro contra os judeus – já li! Um escrivão da terra me emprestou um livro de versos de um primo dele – que era muito íntimo do Silveira Bueno – e que morreu não sei de que doença – que, infelizmente, não era contagiosa.
Das 12 às 15 hs vou para a 'Câmara dos Deputados', no fórum.

---

[113] Carta a Anita Rangel. Patrocínio de Sapucaí, 21 de outubro de 1941. Ibid.

Volto às 3 hs, tomo café, leio o Estado da 'véspera', e continuo com os livros. Nessa terra, onde não se vendem revistas e romances policiais!

De noite, quinta, fui ao cinema!! (Nas outras noites, vou à casa de um médico que está de cama, com o joelho machucado, e é, naturalmente, o único doente da terra! – e lá fico ouvindo o rádio. Ás 9 hs, cama).

O cinema é um barracão, com bancos de madeira em promiscuidade com cadeiras, e passa uma 'comédia' em dois atos, um suplemento, e dois episódios de uma fita em série!!

Na parede, num pedaço de papel de embrulho, há uns doze retratos, além da inscrição: 'quadro – estrelas do cinema falado'.

Ainda: durante horas da manhã, da tarde, da noite, o Chico-Marx (...) aqui comparece, Bem-Turpimente, para dar prosa.

O desgraçado fala repetindo palavras, empacando de dois em dois minutos na frase, e fala a maior coleção de asneiras que tenho visto e ouvido em toda a vida – de tão sensatas que são as idéias do homem. O conselheiro Acácio, perto dele, morre de vergonha. Anteontem cedo ele foi à cozinha, preparou uma batida, bebeu o primeiro gole, quando a porta da rua foi atravancada por uma enorme mole de carne, meio loira meio grisalha, de voz de flautim-de-banda-do-interior, que chamou o 'Lima'. Era Miss. Lima!

O 'Lima' disfarçou a bebida e foi, com ar de cachorro-que-quebrou-o-pote, atender.

– *'Você está bebendo, Lima!' – 'Não, não estou' (o Lima fala meio gaguejando). – 'Está, etc, etc, etc, e vamos embora'.*
E lá foi o delegado Marx, rebocado pelo cruzador, para a casa! Donde se vê que é mais fácil mandar num destacamento de polícia do que na sua legítima esposa, que, pelo tamanho, como não pode, sem injúria às matemáticas, ser 'sua cara metade', deve ser a 'cara três quartos' do Chico Marx."[114]

Mas as aventuras com Chico Marx não param por aí...

"Foi vingança do destino, porque na noite anterior, o Chico Marx, quando eu me dirigia, incertamente, para ouvir rádio, me pegou, aqui (na casa pegada é a delegacia) levou-me até a delegacia, abriu a gaveta, arrancou um maço de papel – artigos escritos por ele em Cuyabá (Cuiabá, Corumbá e outros lugares de Mato Grosso onde andou advogando) – e me agrediu com a leitura de um sobre o 'Belo' (seis laudas), outro sobre a 'Razão' (duas laudas) e outro sobre 'Cuiabá' (uma lauda), tudo num estilo oitocentista, comprido e complicado. E eu – pobre e miserável Zé Alckmin! – ficava olhando a folhinha, vendo o tinteiro, mexendo com o lápis, até que, num gesto patético, o Marx dava por finda a obra de arte. Então, com o sorriso mais cretino deste mundo, eu elogiava os 'profun-

---

[114] Carta a Anita Rangel. Patrocínio de Sapucaí, 25 de outubro de 1941. Ibid.

dos conceitos', o 'belíssimo estilo', as 'felizes imagens'. O Marx ficava se lambendo todo, e mexia, ameaçadoramente, na papelada, com ar de quem procura mais um.

Depois desse martírio, deitou a pontificar sobre o ensino – ele já foi diretor de grupo – está explicado o analfabetismo no Brasil – com conceitos lindos como estes: 'as crianças são as melhores pessoas do mundo' – 'um adulto é mais velho que uma criança' – e outros que tais."[115]

Infelizmente, Zé Alckmin encerra a carta dizendo que, apesar de sua "família oitocentista" continuar no lugar de costume, não vai descrevê-la: "É muito complicada e cheia de enfeites para ser descrita por alto." E arremata: "Não irá, se Deus quiser, a descrição".

Sem adentrarmos no âmbito de seu talento literário – o qual já comentamos em outras ocasiões –, a leitura dessas cartas de Patrocínio de Sapucaí, além de divertir, revela feições muito interessantes da sua personalidade que vale ressaltar. Observador, nada lhe escapa e o que à primeira vista poderia ser motivo de simples reclamação, transforma-se para ele em motivo de riso, de brincadeira. Não tem intenção de ofender ou desqualificar as pessoas como Chico Marx e outros que vai encontrando em suas peregrinações jurídicas pelo interior. Nota-se, por detrás da caricaturização e do escracho, um humano carinho e condescendência. Como bem se vê – e se confirma

---

[115] Idem.

também através de vários depoimentos –, Zé Alckmin é intransigente com a burrice, com a ignorância, mas nunca com o ignorante. Percebe, de maneira clara, os problemas atávicos que, como outros de sua geração, imperam e emperram o país: o forte tradicionalismo, o formalismo complicado e vazio, o "oitocentismo" contumaz da cultura pseudo-letrada, pseudo-intelectual.

Sem medo de arriscar, atrever-me-ia a dizer, partindo de suas cartas, de seus escritos, de suas atitudes, que José Geraldo Rodrigues de Alckmin foi um verdadeiro modernista. Apaixonado pela civilização, pela cultura, pela mudança, sonhava com um mundo, com um país diferente, moderno. Porém, alicerçado em princípios e valores solidamente humanistas e cristãos, seu modernismo pressupunha a preservação das virtudes fundamentais do homem e da sociedade: a honestidade, a sinceridade, a simplicidade. O modernismo para ele não era apenas uma ruptura com certas fórmulas estéticas do passado, mas uma possibilidade de, no novo, reencontrar tudo o que há de bom no homem e na cultura. E tudo isso – que apenas se esboça em suas cartas – pode ser bem detectado em sua atuação como jurista.

Nas cartas subseqüentes, escritas em fins de 1941 e princípios de 1942, trata, principalmente, das inscrições para a sua titulatura. Em novembro de 41, escrevendo de Patrocínio de Sapucaí, avisava:

"Estou inscrito para S. Sebastião.
O Bilaú, Dario, Humberto e Dutra, que são de mais tempo

que eu no conceito do Tribunal, não se inscreveram. Só o Gereoplos (?), que tomou posse um dia depois de mim, e outros mais novos. Creio, pois, que o Tribunal me indicará, por antiguidade ou por merecimento. Entretanto, se não for, paciência. Eles fazem tanta sujeira que até desanima.

Inda hoje, como o juiz de Amparo pediu um ano de licença, em vez de chamar o substituto de Amparo, que é o Assis Moura, convocaram o Young, filho do Ministro Costa Manso, juiz em Barreiros para substituir..."[116]

"Em todo caso, desta vez estou correndo o risco de ir para S. Sebastião. Prepare o guarda-chuva de praia, cadeira de lona, uma esteira de borracha para deitar na areia e 'bamos'.

Se eu for nas férias de dezembro, faremos uma convocação da família para os banhos de mar."[117]

As férias vieram, mas não a nomeação para São Sebastião e, ao invés de areia e mar, o descanso se deu sobre a relva do sítio, "na roça", em Guaratinguetá.

Em março de 1942, José Geraldo volta a se inscrever em concurso, desta vez para Descalvado, cidade perto de São Carlos. Entretanto, alguns dias depois, escrevia, indignado:

---

[116] Mais tarde, já como ministro do STF, Alckmin, em seu "diagnóstico da magistratura", abordaria seriamente esse e outros problemas do Poder Judiciário, dos quais também foi vítima, propondo mudanças.
[117] Carta a Anita Rangel. Patrocínio do Sapucaí, 8 de novembro de 1941. Ibid.

> *"V. viu que safadagem? O Secretário da Justiça não me inscreveu no concurso 'porque o requerimento chegou fora do prazo'. Ora, eu mandei 2 dias antes, expresso. Como explicar isso? E lá se foi Descalvado! Vou requerer ao correio o recibo do expresso, e vou, se foi entregue no prazo, fazer um barulhão!"*[118]

Diante de tudo isto, percebe-se, bem claramente, que, apesar do reconhecimento de que já gozava nas mais altas esferas da magistratura paulista – suas sentenças eram invariavelmente confirmadas e elogiadas no Tribunal[119] – o juiz substituto de Mogi-Mirim parecia não contar ali com "padrinhos" importantes e, uma atrás da outra, viu suas justas pretensões de encontrar uma comarca onde se fixar serem desfeitas. Isso, sem dúvida, lhe aborrecia "um pouco", mas logo, como ele mesmo advertia, perdia o aborrecimento, "pois não adianta".[120]

Com a "ida" de Descalvado, Zé Alckmin voltou a sonhar com Ubatuba:

> *"Se o Zé Tiago – (...) – for removido para Descalvado, Ubatuba fica vaga: e quem sabe vai ser nosso destino viver 'à beira mar plantado' – a banana, peixe e mandioca."*[121]

Entretanto, seu destino era outro, um pouco "mais aci-

---
[118] Carta a Anita Rangel de 22 de março de 1942. Ibid.
[119] Cf. Carta a Anita de 7 de março de 1942. Ibid.
[120] Carta de 22 de março de 1942. Ibid.
[121] Idem.

ma", na serra... A 24 de março de 1942, escrevia:

> *"Vou me inscrever, inda hoje, para S. Luiz. E – quem sabe? – desta feita a coisa pega."*[122]

E "pegou". A 28 de abril daquele ano, José Geraldo Rodrigues de Alckmin era nomeado, pelo critério de merecimento, Juiz de Direito da Comarca de São Luiz do Paraitinga, cidade localizada nas encostas da Serra do Mar, a meio caminho entre Taubaté e Ubatuba.

JUIZ DE DIREITO

São Luiz do Paraitinga, sem dúvida, não correspondia aos sonhos do juiz Alckmin. Era pequena, muito pequena – talvez um pouco maior que Valparaíso e Patrocínio do Sapucaí – e não estava à beira-mar. Por outro lado, estava próxima de Ubatuba, assim como de Taubaté e das outras cidades do Vale do Paraíba, incluindo Guará e, malgrado o resto, era, por fim, a *sua* comarca; o lugar onde, finalmente, poderia se fixar. Pois, como ele mesmo escrevia poucos meses antes,

> *"Afinal, creio que ficar parado num lugar não é tão mau, embora o lugar seja pioiento."*[123]

Tendo tomado posse a 12 de maio de 1942[124], José Geraldo deixou a comarca pouco depois, apenas para se casar, a

---

[122] Carta a Anita, de 24 de março de 1942. Ibid.
[123] Carta a Anita Rangel, de 22 de março de 1942. Ibid.
[124] Relatório de dados pessoais do Magistrado José Geraldo Rodrigues de Alckmin. Ibid.

29 de junho, e logo depois voltar, desta vez permanentemente, como juiz e chefe de família.

Acostumado à vida e ao trabalho em localidades desse porte, José Geraldo ambientou-se rapidamente em São Luiz, dando seqüência na lida de casos forenses em sua maioria curiosos, como o ter de decidir sobre a legalidade de "contratos" feitos apenas verbalmente e que diziam respeito à propriedade de "espécimes porcinos, eqüinos" etc.[125] Dez meses depois do casamento e da mudança para São Luiz, nasceu a primeira filha do casal Rangel de Alckmin: Aneliese – nome inspirado na ascendência alemã de José Geraldo.[126]

Cerca de três anos depois, José Geraldo era convocado para substituir o juiz de Taubaté, para onde se mudou, passando a coordenar cinco comarcas, inclusive a tão sonhada Ubatuba, a qual, entretanto, não teve tempo de gozar. Conta D. Anita que o prefeito da cidade praiana lhe ofereceu na ocasião um terreno para construir uma casa, porém o juiz declinou, alegando falta de recursos para construir – "o ordenado de juiz era muito pequeno naquela época, não dava para muita coisa..."[127] E ainda que os tivesse, certamente não o teria aceito, pois desde o início de sua carreira o juiz Alckmin desenvolveu o costume de nunca aceitar presentes, por mais sincera e sem maldade que fosse a oferta. E nesse ponto era inflexível.

---

[125] Cf. GARCIA, Dinio de Santis. Op. cit, p. 6
[126] Aneliese Rangel de Alckmin nasceu a 30 de abril de 1943.
[127] Entrevista com D. Anita Rangel de Alckmin. Ibid.

"Numa ocasião – conta D. Anita – um advogado, não sei por que motivo, mandou um presente lá para casa. E ele simplesmente devolveu."[128]

E Maria Lúcia Alckmin, segunda filha do casal, sobre esse mesmo assunto, lembra:

"Às vezes recebíamos coisas que mandavam lá para casa e ele mandava devolver do portão, não deixava nem entrar, não deixava nem a gente ver o que era..."[129]

Assim também com relação às amizades. Era muito cauteloso e rigoroso nesse campo:

"Coisa que eu lembro de quando a gente morava no interior é que papai não deixava a gente levar os amigos em casa, porque se convidasse as amigas para ir em casa, os pais iriam e ele achava que tirava a independência dele como juiz. Ele dizia: 'depois, se essa pessoa tiver um processo qualquer coisa, eu não posso ter isenção para julgar'. Então eu não tinha que fazer rodinha e isso era meio complicado de lidar...porque você tinha os amigos mas não podia convidar para festinha de aniversário, trazer os pais... Então festa de aniversário era só família, sempre foi porque era assim que ele achava... Papai era muito rigoroso nessa coisa da independência do juiz, não criar laços com as pessoas da cidade, evitar que depois... Isso

---

[128] Idem.
[129] Entrevista com Maria Lúcia Rangel de Alckmin. Realizada em São Paulo, a 27/12/2002.

era bobagem, mas ele era assim..."[130]

Sem nos estendermos mais nas características e no conceito que José Geraldo Rodrigues de Alckmin tinha a respeito da sua função, basta assinalar, por hora, que toda essa postura, aliada à seriedade e competência profissional, muito cedo começou a chamar a atenção de diversos desembargadores, que pronto se interessariam pelo talentoso juiz, desencadeando assim a seqüência de promoções que marcaria sua carreira. No momento, entretanto, o encontramos em Taubaté, trabalhando e viajando muito. Emitindo sentenças que causam admiração.

Em setembro de 1945 era publicada, pela primeira vez, uma sentença do juiz Rodrigues de Alckmin. Foi no volume 157 da *Revista dos Tribunais* e dizia respeito a um caso de sedução em que a vítima, "baldadas as esperanças de ver o mal sofrido reparado pelo casamento", comete o suicídio. O réu, alegando impossibilidade de reparar o mal, pretere a extinção da punibilidade. Mas a isso respondia o juiz:

> *"Tal extinção, porém, é inadmissível. Compreende-se que o casamento do ofensor com a ofendida acarrete a extinção da punibilidade neste crime, porque é a solução que melhor consulta os interesses da sociedade e os da própria ofendida.*

---

[130] Idem.

> *Mas somente o casamento – e não a intenção de casar-se – é que extingue a punibilidade. A sedução não perde o caráter de delito pelo fato de o réu ter intenção de reparar o mal. É a reparação – o casamento – que extingue, tão-somente, a punibilidade. Essa reparação não houve, no caso presente. Pouco importa que se tenha ela impossibilitado sem culpa do réu, como pretende a defesa, como também nada importaria ao caso que se não realizasse o casamento por oposição da própria ofendida. O intuito da lei, ao criar este caso de extinção de punibilidade, não foi favorecer o criminoso, mas a vítima. Corre, pois, o réu, o risco de não poder casar-se por motivo superveniente e de ser, em conseqüência, punido.*"[131]

Vislumbra-se aqui a visão e a postura que caracterizariam o futuro desembargador e ministro do STF: enérgico, obediente à lei, porém sem ser por demais positivista e duro; equilibrando a reta interpretação com um bom senso realista e humano e uma boa dose de "consideração social", que nas suas próprias palavras, "tanta força tem, e que somente se adquire com um passado de retidão e honradez".[132]

A sentença havia sido proferida em Taubaté, a 16 de outubro de 1944. Neste ínterim, o casal Alckmin já havia ganho

---

[131] *Revista dos Tribunais*, Vol. 157, p. 87 e ss.
[132] ALCKMIN, José Geraldo R. de. Discurso pronunciado no Tribunal de Alçada em homenagem ao Juiz Fábio de Souza Queiroz na sua nomeação. In *Revista dos Tribunais*, Vol. 308, p. 848.

mais uma criança: Maria Lúcia, que nasceu a 15 de abril de 1944.

Por mais de cinco anos o juiz de direito de São Luiz do Paraitinga esteve trabalhando nas diversas comarcas da região. Em Taubaté, durante alguns meses, em 1944, chegou a acumular as funções de juiz e prefeito, devido ao afastamento deste último e, numa carta à sua irmã Janira, escrevia:

> *"Acabo de ganhar, depois de uma homenagem regada a champanha, uma 'Parker 51' blindada, etc, etc, como prova da admiração do povo de Taubaté! Deixei, a 22, a acumulação. Se me dessem uma vaca, ia um litro de leite..."*[133]

Através de suas sentenças, publicadas na *Revista dos Tribunais*, e das lembranças de D. Anita, podemos acompanhar suas andanças: em 1945 está de volta a São Luiz do Paraitinga; em 1946, era deslocado para Rio Claro, a fim de substituir o juiz titular. Ali permaneceu "uns 8 meses, com a terceira filha, Heloisa, recém-nascida"[134], para depois retornar para Taubaté, onde ficou até abril de 1947. Em maio do mesmo ano, era nomeado Juiz de Direito Auxiliar da Vara dos Feitos da Fazenda Municipal de São Paulo (2ª entrância)[135], cargo que exerceu até novembro de 1951.

---

[133] Carta a Janira Alckmin. Taubaté, 25 de novembro de 1944. AJGRA, pasta 17.
[134] Entrevista com D. Anita Rangel Alckmin, ibid. Heloisa Rangel Alckmin nasceu a 2 de fevereiro de 1946.
[135] Relatório de Dados Pessoais do Magistrado. Ibid.

Durante esses quatro anos em que esteve em São Paulo, residindo na Rua Arthur de Azevedo, José Geraldo, além de desempenhar intensamente suas funções forenses – entre 1948 e 1951 contamos 13 decisões suas publicadas em diversos volumes da *Revista dos Tribunais* –, iniciou também atividades de autor e comentarista jurídico, trabalhando na elaboração de uma coletânea de jurisprudência sobre *Direito das Coisas*, publicada pela Max Limonad, em 1951. Em novembro desse ano, José Geraldo era novamente promovido para Juiz de Direito da Primeira Vara de São José de Rio Preto (em 3ª entrância). Um pouco antes, em junho, nascia o quarto filho do casal, o primeiro homem, que recebeu o nome do pai: José Geraldo.[136]

O período em São José do Rio Preto foi relativamente curto e duro para o casal. Logo ao chegarem na nova cidade, o quarto filho, ainda bebê, ficou muito doente, com disenteria bacilar.[137] Aneliese, brincando com o balanço no terraço da casa, levou um tombo cinematográfico, "pois virou por sobre o gradil do alpendre e bateu de cabeça na calçada em baixo"[138] e, poucos dias depois, foi a vez de Heloísa cair enferma, com "roséola, rubéola ou o que seja".[139] Como se não bastasse, o próprio José Geraldo, pai, acabou por desenvolver "um tumor

---

[136] José Geraldo Rodrigues de Alckmin Filho nasceu a 17 de junho de 1951.
[137] Cf. Carta de Anita Rangel Alckmin para Janira Alckmin. S. J. do Rio Preto, 3 de fevereiro de 1952. AJGRA, pasta 17.
[138] Carta de José Geraldo Alckmin para Janira. S.J. do Rio Preto, 3 de fevereiro de 1952. Ibid.
[139] Carta de José Geraldo para Janira. S.J. do Rio Preto, 15 de fevereiro de 1952. Ibid.

enorme no cotovelo direito", que mal lhe permitia "mexer o braço".[140] Aliado a tudo isso, o calor, que castigava e desanimava a todos.

Por outro lado, entretanto, a temporada em Rio Preto teve seu lado positivo. Foi ali que José Geraldo travou amizade com Dimas de Almeida, também futuro desembargador do Tribunal de Justiça e companheiro inseparável para o resto da vida. A ajuda dos vizinhos, Nabuco e Syla Brito Bastos, é outro fato marcante na memória da família Alckmin, principalmente para as filhas mais velhas, que se lembram com carinho desses tempos.

A fase riopretense, porém, durou pouco. Em junho de 1952, saía nova promoção, desta vez para a Terceira Vara Criminal de Campinas (4ª entrância). Uma permuta com um juiz oriundo dessa cidade, no entanto, levou a família de volta para São Paulo[141] e a 28 de agosto de 1952 José Geraldo assumia como Juiz de Direito da 10ª Vara Cível da Capital.[142]

Nesse meio tempo, o prestígio do juiz Alckmin ia crescendo. Nos acórdãos do Tribunal de Justiça, publicados nos volumes da *Revista dos Tribunais* do início da década de 50, emitidos a partir de suas decisões, encontram-se, invariavelmente, comentários elogiosos, que bem indicam a sua popularida-

---

[140] Carta de Anita para Janira. S.J. do Rio Preto, 15 de fevereiro de 1952. Ibid.
[141] Cf. entrevista com D. Anita Alckmin. Ibid.
[142] Relatório de Dados Pessoais do Magistrado. Ibid.

de nas instâncias mais altas da Justiça paulista. Num, de janeiro de 1952, assinado pelos desembargadores Cunha Cintra e Tácito M. de Góes Nobre, lê-se: "A bem lançada sentença apelada não sofreu qualquer abalo com as alegações produzidas e fica, portanto, mantida".[143] Noutro, referente à ação de demissão ilegal de funcionário, de 28 de agosto do mesmo ano, concluía-se: "Acordam, em 3ª Câmara Cível do Tribunal de Justiça do Estado de São Paulo, adotado o relatório de fls., por votação unânime, negar provimento aos recursos, para **confirmar a brilhante sentença, pelos seus jurídicos fundamentos**".[144] E, de fato, mesmo para o leitor pouco familiarizado com o universo jurídico, não deixa de chamar a atenção a forma como o juiz Alckmin constrói seus arrazoados e apresenta seus argumentos em suas decisões. Em primeiro lugar, pela clareza com que expõe os casos; depois pela contextualização jurídica dos mesmos, relacionando-os com as bases legais vigentes, ao mesmo tempo em que as transcende, recorrendo a uma vasta literatura nacional e estrangeira, que amplia os horizontes da análise, mostrando que, para o jurista, a decisão não é uma simples aplicação técnica da lei, mas o resultado de um esforço de pesquisa, ponderação e composição; uma obra que enfeixa e equilibra ciência e arte.

Comprova-se esse brilhantismo também através de decisões que, já nessa época, acabariam por criar jurisprudência,

---

[143] *Revista dos Tribunais*, Vol. 200, 340. A decisão do juiz Alckmin era sobre taxa de pavimentação de calçamento inacabado.
[144] *Revista dos Tribunais*, Vol. 205, p. 214.

como a questão do direito de edificar em imóvel de utilidade pública – que "foi pela primeira vez afirmado em sentença de Rodrigues de Alckmin"[145] –, a da definição dos limites do Poder Judiciário frente aos atos administrativos de outros poderes[146] e, um pouco mais tarde, a da "atualização das indenizações por ato ilícito."[147] Esta última, de especial importância, pois determinou uma nova formulação ao problema da correção monetária nas execuções judiciais, tema que não constava do Código Civil de 1917.

Partindo do princípio da imposição do responsável de reparar o dano "sem demasias mas sem insuficiências" ao prejudicado, Rodrigues de Alckmin discute a maneira como há de se medir essa reposição, se pela "quantia fixada no momento da decisão definitiva, ou pelo valor do dano quando da satisfação do julgado."[148] Dado que o processo inflacionário era ignorado pelo legislador de 1917 e que, por outro lado, "a necessidade de recorrer à justiça não deve resultar em dano para quem tem razão", a negação da atualização do ressarcimento implicava favorecimento do autor do ato ilícito e, portanto, concluía que o "valor do dano devia ser estimado no momento da satisfação." Desta forma, segundo Dinio Garcia, tal raciocínio "conduzia a uma nova leitura do art. 159 do Código Civil, sem a menor afronta ao espírito e à letra da norma", significando um

---

[145] GARCIA, Dinio de Santis, Op. cit., p. 16.
[146] Cf. LACERDA, Galeno de, Discurso no *Diário da Justiça da União*, 12/12/1978, p. 10118.
[147] GARCIA, Dinio de Santis, Op. cit., p. 39.
[148] ALCKMIN, J. G. Rodrigues de in *Revista do Tribunal de Justiça*, Vol. 79, p. 520.

"giro copernicano" na sua interpretação.[149] A *solução* encontrada para a questão reverberaria rapidamente nas instâncias superiores, inclusive no Supremo Tribunal Federal.

Instalado na capital, o processo de promoções prossegue. Em junho de 1954 era promovido para Vara dos Feitos da Fazenda Nacional da Capital, onde teve a oportunidade de desenvolver um importante trabalho na área tributária. Poucos meses depois, em dezembro do mesmo ano, seria promovido a Juiz de Direito Substitutivo de Segunda Instância.[150] Nessa função permaneceu até ser chamado para o Tribunal de Alçada de São Paulo, em setembro de 1958. Nesse meio tempo, continuou desenvolvendo suas atividades editoriais, dirigindo a edição brasileira do importante *Tratado de Direito Civil*, do jurista português Cunha Gonçalves – "inclusive escrevendo valiosas notas para os dois tomos do volume VIII e para o 2º tomo do volume XII"[151] – publicado em 1965; e escrevendo anotações para a reedição da obra referencial de Philadelpho de Azevedo, *A Destinação do Imóvel*, que veio à luz pela Max Limonad, em 1957.

Nessa mesma época, inícios dos anos 60, José Geraldo debutará também no universo acadêmico, passando a lecionar Direito Civil e Direito Processual Civil na Faculdade de Direito de Taubaté e, mais tarde, na Universidade Mackenzie e na

---
[149] GARCIA, Dinio de Santis, ibid, p. 40.
[150] Cf. Relatório de Dados Pessoais do Magistrado, Op. cit.
[151] GARCIA, Dinio de Santis, ibid, p. 19.

Assumiu o cargo de prefeito de Taubaté o dr. José G. Rodrigues de Alckmin, juiz de direito em exercicio

O dr. Antonio O. Costa passou o cargo às 17 hs. de ontem

Por recente decreto do governo, foi afastado da prefeitura municipal desta cidade, o sr. dr. Antonio de Oliveira Costa. De acordo com a mesma lei, assumiu o cargo o sr. dr. José Geraldo de Alckmin, juiz de direito em exercicio na comarca de Taubaté. A cerimonia que se revestiu de simplicidade, foi realizada ontem às 17 horas, no edificio da Prefeitura.

Em Redenção da Serra assumiu identicas funções o sr. Lauro Sodré Moreira, juiz de paz do municipio.

Reprodução do Jornal de Taubaté, de 1944

Zeca, Anita com a filha Heloisa, Janira com
Maria Lúcia e Geraldo com Aneliese

A família, recém-transferida a São Paulo, em visita a D. Sinhana

Reunião da família de D. Ida em Guaratinguetá,
por ocasião de seu 70° aniversário (1952)

Juiz do Tribunal de Alçada

Faculdade de Direito de São Bernardo do Campo, a qual só abandonou quando da sua ida para Brasília para assumir seu posto no STF. E tudo isso em meio a uma vida familiar que se tornava cada vez mais intensa, com o nascimento de mais dois filhos: José Eduardo e José Augusto, que completavam a considerável e alegre prole.[152]

JUIZ DO TRIBUNAL DE ALÇADA

Criado em 1951, o Tribunal de Alçada de São Paulo surgiu da necessidade de "dar desafogo ao intenso trabalho cometido ao Egrégio Tribunal de Justiça e [...] aliviar o excesso de serviço que pesava sobre a segunda instância local."[153] Concebido como "corte auxiliar" do TJ, inaugurado com quinze juízes, o Tribunal de Alçada experimentou, desde sua instalação, um acréscimo de tarefa quase vertiginoso, que em pouco mais de dez anos obrigou à alteração do número de juízes em três ocasiões.

Em 16 de setembro de 1958, pela lei estadual nº 4.884, foi criada a Terceira Câmara Criminal desse Tribunal e, em 22 de setembro do mesmo ano, o Tribunal de Justiça, reunido em sessão plenária, sob a presidência do desembargador João Marcelino Gonzaga, escolheu os nomes dos que desempenha-

---

[152] José Eduardo Rangel de Alckmin nasceu a 26 de março de 1955 e José Augusto Rangel de Alckmin a 26 de janeiro de 1957.
[153] ALCKMIN, José Geraldo R. de, Discurso como Presidente do Tribunal de Alçada na posse de novos juízes, em sessão do dia 17/09/1963 in *Revista dos Tribunais*, Vol. 337, p. 531.

riam os cargos de juiz dessa câmara, em número de três. Dentre estes, na classe dos magistrados, pelo critério do merecimento, estava o do juiz substitutivo de segunda instância José Geraldo Rodrigues de Alckmin. Nomeado a 25 de setembro, tomou posse dois dias depois, passando a ser mais um a integrar a "febril máquina judicante" em que se transformara o Tribunal de Alçada.

A indicação e escolha de José Geraldo para essa nova estrutura do Poder Judiciário paulista atesta, como já vínhamos apontando atrás, o enorme prestígio e admiração que ele havia granjeado entre os magistrados da Justiça paulista. Criado, como se disse acima, para ajudar a desafogar o já quase incomensurável volume de trabalho do TJ, o Tribunal de Alçada demandava juízes não apenas de reputação ilibada, mas também de grande capacidade de trabalho. E os números, apontados pelo próprio juiz Alckmin, quando presidente desse Tribunal, assim o atestam: se em 1955 eram distribuídos 4.350 feitos aos 16 juízes da seção civil, em 1962 eram 9.200 os processos que se distribuíam a um número quase igual de juízes.[154] Nesse sentido, os desembargadores, principais interessados no sucesso do Tribunal de Alçada, sabiam que aqueles que desempenhariam a função de juízes nessa casa deveriam ser, de certa forma, "especiais".

José Geraldo, obviamente, não decepcionou. Muito pelo

---

[154] Cf. ALCKMIN, José Geraldo R. de, Idem.

contrário. Poucos meses depois, aparece nas estatísticas como um dos juízes que mais proferiram votos no Tribunal de Alçada[155] e, em maio de 1960 – pouco mais de um ano de seu ingresso –, era eleito por seus colegas vice-presidente do mesmo, para o biênio 1960/61.

Tudo isso, entretanto, não deve nos levar a concluir que o juiz Alckmin exercia "caxiasmente" sua atividade judicante. Paralelamente a toda essa carga de trabalho, José Geraldo refletia e criticava a forma como a estrutura se organizava e reivindicava mudanças, para o bem da Justiça. Em setembro de 1963, falando já como presidente do Tribunal de Alçada – cargo para o qual tinha sido eleito em 1962 –, ponderava:

"Os julgamentos hão de ser fruto de amadurecido e paciente exame dos processos. A imensa, a extraordinária mole de autos atribuída ao juiz, ou lhe sacrifica a saúde, impondo-lhe sobrecarga desumana, ou necessariamente reduz a garantia de segurança e acerto das decisões.
Não é possível pretender que o magistrado profira uma centena de votos por mês, sem pesado sacrifício próprio, para não pôr em risco o direito dos litigantes.
Pondere-se, ainda, que nem sempre a rapidez e o elevado número de julgamentos são conseqüência inafastável, ou índice de minucioso e profundo estudo dos autos, decorrente de extraordinária capacidade de trabalho. É possí-

---

[155] "Juízes que mais proferiram votos no Tribunal de Alçada" in *Diário de S. Paulo*, s.d.

vel que a rotina e a exaustão levem o Julgador a perder de vista a própria finalidade de sua função, que é a boa e pontual distribuição da Justiça, acaso sacrificada pela maior preocupação de libertar-se de tarefa estafante, sem atender ao superior sentido que deve inspirá-la.

Os Tribunais não podem sofrer, prolongadamente, sem danos, a elevada sobrecarga de trabalho, para que não aconteça venha ela prejudicar a própria segurança com que deve ser distribuída a Justiça."[156]

O amor ao trabalho não deve atrapalhar a visão objetiva da realidade; a dedicação do juiz à Justiça não exclui a visão crítica e até denunciadora das mazelas e erros do sistema judiciário. O bom juiz não é apenas aquele que trabalha muito, mas, principalmente, aquele que trabalha bem e luta para que as condições de trabalho sejam as melhores possíveis. Vislumbra-se aqui mais um passo na trajetória do pensador e reformador do Poder Judiciário.

Toda essa capacidade de visão e análise dos problemas, entretanto, não se restringia aos diagnósticos e discursos. O juiz-administrador José Geraldo Alckmin mostrava também um grande poder de realização. Tanto é assim que, durante a sua gestão enquanto presidente do Tribunal de Alçada, muitas mudanças ocorreram, dentre elas o aumento do número de juízes e de câmaras. Numa pequena nota publicada em jornal

---

[156] ALCKMIN, José Geraldo R. de, Ibid, p. 532.

de grande circulação da época, um repórter apontava:

> "*O presidente do Tribunal de Alçada de São Paulo não pode ser esquecido. O Tribunal de Alçada de São Paulo, hoje, é apontado como modelo em todo o Brasil e mesmo na América Latina. Recentemente, juristas internacionalmente conhecidos estiveram em nosso Estado, ocasião em que fizeram questão de conhecer o Tribunal de Alçada, considerado por eles como modelo no gênero. O juiz José Geraldo de Alckmin é uma das personalidades do ano.*"[157]

A grande capacidade de trabalho, aliada à visão clara e serena dos problemas, redundando numa atividade não apenas técnica, mas também administrativa e política – no sentido mais amplo e filosófico da palavra –, começou a fazer de José Geraldo Alckmin uma das figuras mais destacadas do Judiciário paulista. Isto não deixava de ser percebido pelas altas autoridades do Poder Judiciário estadual. Em outubro de 1963, uma pequena nota publicada na seção de "notícias jurídicas" do *Diário de São Paulo* deixava "vazar" o que nessas altas esferas se comentava:

> "*O juiz Rodrigues de Alckmin, atualmente presidente do Tribunal de Alçada, com toda a certeza, deverá ser promovido por merecimento para o Tribunal de Justiça, tão logo ocorra vaga naquela Corte de Justiça.*"[158]

---

[157] *O Estado de S.Paulo*, s.d. Provavelmente 1963.
[158] *Diário de S. Paulo*, quarta-feira, 16/10/1963.

Não foi preciso esperar muito tempo para que o Tribunal de Alçada fosse privado do seu mais ilustre membro e presidente. Em agosto de 1964, José Geraldo Rodrigues de Alckmin era nomeado desembargador do Tribunal de Justiça de São Paulo.[159]

---

[159] A data da nomeação foi 28 de agosto de 1964. Cf. Relatório de Dados Pessoais do Magistrado. Ibid.

4

De Desembargador a Ministro

UM MAGISTRADO E SUAS IDÉIAS

Ainda que o nome do presidente do Tribunal de Alçada de São Paulo fosse dos mais cotados entre os desembargadores e pessoas ligadas à área jurídica para a vaga que se abriu no Tribunal de Justiça em meados de 1964, a nomeação de José Geraldo Rodrigues de Alckmin não deixou de ser, de certa forma, uma surpresa. Isso porque o governador do Estado – o qual fazia as nomeações para o Tribunal – era então Ademar de Barros, que pouco tempo antes havia sido condenado pelo então juiz Alckmin numa ação de improbidade na administração pública.[160] Segundo José Geraldo Alckmin Filho, isso mostra como o "velho Ademar não era rancoroso".[161] Por outro lado, entretanto, mostra muito mais a força do prestígio e do consenso em relação à figura do juiz que deveu, até certo ponto, *forçar* a decisão política do governador. A opinião dos magistrados era unânime, assim como as do presidente do Tribunal de Justiça, Euclides Custódio da Silveira, e do secretário de Justiça do Estado, Miguel Reale: nenhum juiz apresentava melhores atributos para a nomeação. José Geraldo Rodrigues de Alckmin já se havia transformado numa referência na Magistratura paulista e o governador devia reconhecer.

O discurso da posse do novo desembargador, ocorrida no dia 2 de setembro de 1964, é um documento que ajuda a entender o porquê desse consenso e dessa força moral do admirado juiz do Tribunal de Alçada. Num estilo claro, simples e profundo, como lhe era peculiar, sem recursos retóricos ou floreios – tão comuns nessas circunstâncias e nessa época entre seus contemporâneos –, o homenageado traçava um perfil de sua trajetória, assim como de suas idéias, que ajuda a compreender de onde provinham o prestígio e o respeito que, de forma não intencional, granjeou entre seus pares ao longo dos seus então quase vinte cinco anos de magistratura.

---

[160] Tratava-se de um caso que havia se tornado escandaloso, sobre a compra sem licitação de automóveis para a Força Pública do Estado. Ademar de Barros recorreu da sentença do juiz Alckmin e o caso foi parar no STF, onde o político foi inocentado.
[161] Entrevista com José Geraldo Alckmin Filho, Ibid.

Iniciava-o fazendo o reconhecimento e o agradecimento a todos aqueles que determinaram e influenciaram na sua formação, a começar daquele que, na sua "Superior e Onímoda Bondade", "tudo prevê e dispõe".[162] E depois de evocar as raízes familiares – pais e irmãos –, o "lar calmo e feliz com que me amerceou a Bondade Divina, a esposa e filhos queridos", os amigos, mestres e colegas de magistratura, o agora desembargador José Geraldo Rodrigues de Alckmin desenvolvia uma análise não só de sua trajetória, mas também da Justiça e do Poder Judiciário, que revelava o grau de experiência, acuidade, inteligência e maturidade a que havia chegado. Em certo ponto, ao ponderar sobre a vocação do juiz no contexto de "crise" em que se vivia – lembremo-nos que se estava a poucos meses da "revolução" de março de 1964 – colocava:

> *"Sem verdadeiro amor à Justiça não há juiz. Não é bastante o conhecimento das regras do direito positivo, que estas são, na imagem carnelutiana, simples moedas cunhadas com o ouro da Justiça, tanto mais valiosas quanto mais puro o metal. Se o juiz não tem amor pela função que exerce; se não sente que, ao decidir as causas, está realizando, fragmentariamente e em modestíssimas proporções embora, um ato daquela grande Justiça que deve estabelecer o equilíbrio social, poderá ser um correto fun-*

---
[162] ALCKMIN, José Geraldo R. de, Discurso de Posse como Desembargador do Tribunal de Justiça de São Paulo em sessão solene de 2 de setembro de 1964, in *Diário Oficial do Estado de São Paulo*, Sábado, 5 de setembro de 1964, secção VII.

cionário, um técnico, um cientista. Falta-lhe, porém, alguma coisa para ser juiz. Falta-lhe a vocação do justo"[163]

Aqui, pois, vislumbra-se o "segredo do sucesso" daquele que então atingia o cume da carreira da magistratura em seu Estado: o "amor à Justiça" e a correspondência à "vocação". Não que as vantagens econômicas, "a tranqüilidade do teto e do pão", não sejam dignas e ponderáveis, mas, como bem afirma o desembargador, elas jamais serão suficientes "para assegurar a existência de bons juízes". Entusiasmado pela sua vocação, José Geraldo confessava-se impulsionado por esse "alto sentido da Justiça", que faz do juiz alguém a quem se confia "a liberdade do cidadão, contra os abusos e arbítrios do poder; a proteção do mínimo ético exigível, através da punição dos que o desatendem; a tranqüilidade e a paz social". A essa altura de sua vida e da sua carreira, José Geraldo Rodrigues de Alckmin demonstrava uma perfeita consciência do papel e da missão que exercia enquanto magistrado. Não se trata – repetimos – de simples recurso de retórica, de artifício literário e idealista; trata-se sim de uma compreensão clara e precisa da realidade, destilada não apenas do estudo e da reflexão inspirada, mas da profunda e longa experiência judicante e da experiência da vida em si, enquanto homem.

José Geraldo estava longe de ser um puro idealista, um

---

[163] Idem.

sonhador, um ingênuo bem intencionado. Conhecia o valor e a importância da Justiça e do Justo e não os via como simples criações sociais ou culturais de determinado povo em determinada época. Via também, entretanto, as dificuldades e os limites da sua aplicação e dos seus aplicadores, os homens. Por isso, ao atribuir papel tão excelso ao juiz, não o faz de forma simplória e ideal, mas consciente de que isto se cumpre numa medida limitada e incompleta, dentro de circunstâncias muito específicas. Neste sentido se entende, pois, como, para o juiz Alckmin, o problema da administração da Justiça se insere sempre num contexto social, cultural, político e administrativo que é preciso considerar. Melhorar a administração da Justiça e aperfeiçoar o trabalho do juiz passava, portanto, não apenas pelo aperfeiçoamento pessoal através da formação, mas também pela análise e transformação da realidade social, política e cultural como um todo. José Geraldo era um magistrado com uma vasta e profunda visão antropológica e sociológica da Justiça, da Vida e do Homem. É isto, aliás, que o qualificará para desenvolver mais tarde um grande diagnóstico do Poder Judiciário no Brasil e uma importante proposta de reforma, que analisaremos mais adiante. Por hora cabe apenas perceber como o novo desembargador do Tribunal de Justiça do Estado de São Paulo encarava sua tarefa e sua missão num momento histórico dos mais delicados da vida nacional.

Pouco mais de um ano após a sua posse como desembargador do TJ, José Geraldo voltava a proferir um discurso que muito esclarece do seu pensamento a respeito da Justiça, do Homem e da Sociedade. Falando em nome do Tribunal, na posse dos desembargadores que desempenhariam os cargos de presidente e corregedor geral da Justiça no biênio 1966/1967, apontava:

> *"O extraordinário progresso material experimentado nas últimas décadas veio dar, ao homem, o domínio crescente sobre a matéria e a clara perspectiva da unificação do mundo. O primeiro se manifesta no desenvolvimento prodigioso das ciências positivas e da técnica. Por meio destas se descortinam horizontes insuspeitados, do ponto de vista da satisfação das necessidades coletivas. 'Pela primeira vez na história – acentua Van Gestel – entreviu-se a possibilidade de participarem, as grandes camadas populares, dos benefícios da civilização e da cultura'. Ao mesmo tempo, a técnica moderna criou condições materiais para a unificação da humanidade. Aproximou continentes. Suprimiu distâncias. Facilitou o intercâmbio entre os povos e robusteceu a solidariedade internacional, ampliou todos os problemas numa escala planetária, a ponto de colocar a humanidade atual diante do dilema de unir-se ou de perecer.*
> *O desajustamento entre o rápido progresso técnico e o mais lento progresso social acarretou, contudo, conflitos que somente podem encontrar solução na obediência a princípios morais, remetendo-se o homem da era mecânica à disciplina dos valores eternos e imutáveis.*
> *E é por força desses princípios que a solidariedade social, repelindo as formas opressivas e igualitárias de transformá-los em meras unidades no organismo do Es-*

tado, procura a elevação dos menos favorecidos a um nível de vida compatível com a dignidade da criatura humana, já não somente sob o aspecto da participação nos bens materiais, mas também pelo acesso aos valores do espírito.

Essa tarefa, de magna amplitude, posta em tela nos dias de hoje, não deixa de ter os seus percalços.

Alguns, seduzidos pela unilateral visão dos problemas econômicos, advogam sistemas ou regimes em que a igualdade material leva à própria destruição da liberdade, vazios de todo o conteúdo espiritual que dá, ao homem, sua verdadeira dimensão.

Outros, ávidos de ambição e de poder, desconhecem que a liberdade tem como necessário pressuposto a disciplina e que, sem o respeito à autoridade, há somente desordenados aglomerados humanos, submetidos aos azares das paixões e da força.

A outros, ainda, ocorre a suposição de que, pela simples alteração das estruturas jurídicas, sem qualquer educação dos indivíduos para que superem as formas de egoísmo, os problemas se solucionem, esquecidos da velha advertência de Horácio: quid leges sine moribus, vanae proficiunt...

Mas a tarefa, com todos os percalços, não há de ser encarada sob o ângulo negativista de uma ameaça. É, antes, um desafio.

É o repto a uma geração para que, inspirada nos valores da civilização cristã, aperfeiçoe as instituições que asseguram o bem-estar e a liberdade do homem.

> *E esse desafio é, em sua essência, um problema de justiça."*[164]

Aqui se vislumbra explicitamente como a atuação prática do juiz se insere numa visão ampla não apenas do universo jurídico, mas também antropológico, social e ideológico do homem e da sociedade. O êxito "técnico" do magistrado deriva, pois, dessa visão ampla, mais do que sociológica, humanista, cristã. Dentro dessa perspectiva, encontrava-se perfeitamente delimitado o papel da justiça, assim como a tarefa do juiz. E isso ajuda a entender também o posicionamento político – político, não partidário – de José Geraldo Rodrigues de Alckmin. Crente da concepção existencial e personalista do ser humano, José Geraldo entende o indivíduo como um ser livre e destinado a realizar-se livremente. Portanto, não pode aceitar ou defender qualquer tipo de regime ou Estado que tolha ou impeça o exercício dessa liberdade. Por outro lado, como bem vimos no trecho transcrito acima, pondera que a "liberdade tem como necessário pressuposto a disciplina", o direito. Neste sentido, sem dúvida, José Geraldo entende a legitimidade do Estado de Direito que, necessariamente, deve garantir o exercício das liberdades individuais dentro da ordem, definida pela lei. Transpondo tais idéias para o contexto histórico em que estava vivendo, entende-se perfeitamente que o magistrado não podia alimentar simpatias nem pela esquerda nem pela direita radi-

---

[164] ALCKMIN, José Geraldo R. de, Discurso em Sessão Solene do Tribunal de Justiça de São Paulo no dia 22 de dezembro de 1965, in *Revista do Tribunais*, Vol. 363, pp. 553-4.

cais, já que ambas postulavam posições que iam de encontro a essa postura liberal, humanista e cristã.

José Geraldo viu, num primeiro momento, com simpatia o "movimento" de março de 1964, na medida em que defendia a manutenção da ordem e das liberdades num Estado Civil de direito democrático que se julgava ameaçado pelas idéias beligerantes e totalitárias do socialismo revolucionário e materialista. Mais tarde, entretanto, a revelação e a manutenção de tendências ditatoriais por parte do regime militar levaram José Geraldo a uma posição de crítica, exercida, está claro, dentro dos limites do respeito aos poderes constituídos e da lei. Sem posicionar-se em palanques ou tribunas, sem deixar de exercer com total responsabilidade suas funções judicantes, José Geraldo Alckmin nunca deixou de manifestar suas posições a respeito da justiça e da sociedade, que, sem dúvida, não coadunavam muito com o cenário em que se vivia. No mesmo discurso, já citado acima, depois de colocar que o desafio dos tempos presentes era um problema de justiça, asseverava:

> *"Observa um ilustre escritor alemão que, entre as coisas que preocupam o homem de hoje, não parece haver muitas que, de modo bastante estreito, não se prendam à justiça. O tema dos direitos do homem; o da guerra justa e da guerra criminosa; da auto-determinação, no seu conceito e nas suas limitações; da responsabilidade no cumprimento de ordens iníquas; da resistência à opressão, do respeito à autoridade, todos eles comportam uma direta subordinação ao conceito de justiça, entendida como uma ordem a*

estabelecer nas coisas.

E é esse o apelo dos tempos presentes. Que a geração que se encontra nos postos de mando, sem destruição do acervo cultural e das instituições, que são nosso patrimônio comum, saiba dar, às novas exigências, as formas justas com que se possam satisfazer."[165]

E tudo isso, entretanto, dentro de um sentido prático: "impõe-se concretizar as idéias gerais".

"Inútil seria apreciá-las ou reproduzi-las se delas nada se extraísse como orientação prática. Os princípios, como as verdades, ou são vividos ou se deterioram."[166]

E, ao final de todo esse arrazoado, pergunta para os seus pares e para si mesmo:

"Dentro dessas ainda irrealizadas aspirações presentes, que missão pode caber ao Judiciário, no âmbito de sua atividade jurisdicional?"

A resposta vem em seguida:

"É fundamental, para a paz e a tranqüilidade sociais, que os conflitos de interesses encontrem justa e rápida solução, sem delongas exasperadoras. É essencial que se proteja a ordem pública, aplicando o necessário corretivo aos que a ofendem para que, à sombra de uma falsa noção de

---

[165] Idem, p. 554.
[166] Idem ibidem.

bondade, que é desinteresse pela verdadeira justiça, o mal não venha a encontrar o estímulo da impunidade. É indispensável que haja autoridade que serenamente exerça a justiça, protegendo-a daquelas duas formas de perversão, a que aludia São Tomás de Aquino: a falsa prudência dos doutos e a violência dos poderosos.

Aos problemas da hora presente não pode estar alheio, portanto, o Poder Judiciário.

Cumpre-lhe, primeiramente, velar para que se aperfeiçoe a distribuição da justiça, correspondendo às exigências que o extraordinário desenvolvimento de nossa terra impõe, ainda que, restrito aos limites da organização judiciária, mais não possa propor que a multiplicação de órgãos judicantes. (...) Mesmo além do âmbito das iniciativas que lhe são reservadas, há de o Judiciário colocar a experiência de seus juízes a serviço do bem comum, nos problemas que com a justiça se relacionem. Cumpre-lhe propugnar por novos moldes e estruturas procedimentais, que facilitem a invocação e a aplicação da tutela jurisdicional. E fazer ouvir a sua autorizada advertência, quando se procure imprimir menos certos rumos às linhas fundamentais de nossa legislação, olvidando-se que 'nem tudo o que vem depois é progresso'."[167]

A partir de seu lugar, a partir de uma perspectiva inte-

---

[167] Idem, p. 555.

lectual e de formação própria, a partir de uma trajetória e experiência profissional e de vida concretas, o desembargador recém-empossado do Tribunal de Justiça de São Paulo traça um panorama e um projeto de ação para o Poder Judiciário de seu país naquele momento histórico específico que reflete, em última análise, seu projeto pessoal de ação profissional e cidadã. Transformar as estruturas a partir do seu próprio lugar, sem perder de vista o "repto" dos outros âmbitos, dos poderes constituídos e da sociedade civil organizada. Tudo isso, sem dúvida, tem sabor de utopia, porém de utopia bem temperada no caldo do realismo e da experiência prática da complexidade. Sem grandes ruídos, sem espalhafato, a partir do seu campo específico de atuação, o magistrado Alckmin vai propondo uma reforma global da sociedade; uma reforma comprometida com a liberdade, com a democracia e, antes de tudo, com a dignidade da pessoa humana.

UM HOMEM "DE UMA PEÇA SÓ"

Acompanhando, nas últimas páginas, a trajetória jurídica, profissional, de nosso biografado, talvez possa ficar no leitor a impressão de que o juiz do Tribunal de Alçada e desembargador do Tribunal de Justiça tenha "abandonado" o jeito de ser do divertido e espirituoso advogado de Valparaíso e juiz substituto de Mogi-Mirim, tornando-se sério, sisudo, por demais preocupado com as *questões importantes* do Poder Judiciário, da Sociedade, da Nação. Nada mais falso, entretanto. Ao adentrarmos no âmbito de sua vida familiar, social e mesmo íntima, vamos encontrar o mesmo *velho* Zeca; aliás, mais inte-

Com desembargadores do Tribunal de Justiça de São Paulo

Como corregedor-geral do Tribunal de Justiça, participando do Encontro dos Presidentes dos Tribunais de Justiça do Brasil, em dezembro de 1969

Com os amigos que participavam das "atividades de formação"

As reuniões familiares, na fazenda de André,
eram momentos muito esperados por todos

Com D. Ida, que, com seus 80 anos,
continuava sendo o centro da família

Em romaria a Aparecida do Norte

Com João, mostrando seu "perfil grego"

O carinho a sua Anita sempre se manifestava ao longo dos anos

ressante e divertido ainda, agora, porém com um toque de sabedoria e profundidade que só os anos e uma experiência religiosa da vida podem dar.

É uma pena não contarmos, para esses outros momentos da trajetória de José Geraldo, com documentos tão ricos e reveladores como são as cartas que o então advogado e juiz substituto escrevia para sua noiva. Nelas vislumbrávamos José Geraldo por ele mesmo e de uma forma não apenas objetiva, mas também saborosa e divertida. Agora, para adentrarmos na vida e na intimidade do nosso biografado, apresentam-se, principalmente, as lembranças dos filhos, parentes, amigos e colegas, colhidas em forma de entrevistas e depoimentos, que, ainda que não possam ser consideradas *fontes primárias*, são, entretanto, a melhor e muitas vezes a única maneira de penetrar no território da história pessoal, *interna*.

Comecemos, pois, a entrar nessa história, iniciando pelo José Geraldo trabalhador.

A imagem do preguiçoso sonhador em busca de um "casebre à beira-mar, na areia e à sombra das bananeiras" que emerge nas cartas da juventude, como vimos, nunca correspondeu à realidade. Desde o começo, José Geraldo Rodrigues de Alckmin sempre trabalhou muito. E, apesar de algumas vezes parecer reclamar – em função do acúmulo de processos deixados por juízes pouco laboriosos numa estrutura judiciária pouco justa –, demonstrou também um grande amor e entusiasmo pelo trabalho. Assim foi com o recém-empossado juiz e assim foi também com o juiz do Tribunal de Alçada, com o desembargador do Tribunal de Justiça e com o ministro do Supremo Tribunal Federal.

José Geraldo Alckmin Filho, em suas lembranças, recorda do pai sempre trabalhando, às vezes desconsiderando as horas que normalmente a maioria das pessoas dedica ao sono.

"Em 1952, 53 (...) quando ele veio para São Paulo, pegou uma quantidade de processos absurda; acho que uns 2.000 a 3.000 processos... À noite, geralmente, nós costumávamos jantar, conversar, às vezes jogar baralho... Mas, então, por causa dos processos, na hora em que nós íamos dormir, ele, ao invés de ir dormir também, ficava trabalhando. Costumava arrumar a mesa de jantar, colocava então a máquina de escrever ali e ficava trabalhando. Isso ele não contava, mas eu cheguei a ver, eu acordava cedo e via o papai trabalhando... Sete horas da manhã ele ainda trabalhando, tinha varado a noite trabalhando. Uma vez o padeiro ia entregar o pão e perguntou: 'E então doutor, o senhor acordou cedo hoje?!' 'Não, nada disso, eu ainda não fui deitar...'"[168]

Maria Lúcia, a segunda filha, também ao evocar suas lembranças mais remotas sobre o pai, recorda:

"Lembro dele batendo à máquina. A imagem mais fácil de eu lembrar do papai é ele batendo à máquina, fazendo lá

---

[168] Entrevista com José Geraldo R. de Alckmin Filho, Ibid.

as suas sentenças, batendo os processos."[169]

E não era para menos, pois, além dos milhares de processos, os atrasados e os que não paravam de chegar, havia também os "serviços extras", como as revisões, traduções e redações de livros, além das aulas, que ajudavam nas receitas e que lhe permitiam estar em contato com os jovens, uma de suas grandes fontes de alegria e vida.

Durante essa fase, anos 50 e 60, em que José Geraldo viveu com a família em São Paulo, seu cotidiano não variava muito. Levantava cedo – isto quando se deitava na noite anterior – e, depois de ir à missa (a partir de certa época costumava ir à missa todos os dias, como já veremos), tomava café e ficava trabalhando em casa até a hora do almoço. Sentava-se com sua máquina de escrever na "mesa redonda da sala de jantar", colocava uma pilha de livros e papéis ao lado e trabalhava, enquanto as crianças faziam lição, na mesma mesa, sempre perguntando-lhe algo, interrompendo o barulhinho da máquina.[170] Ele, que parecia não se incomodar com aquelas interrupções, parava, pensava na resposta, fazia outra pergunta – porque também nunca foi de responder sem antes fazer os outros pensar – e voltava aos seus processos, livros etc... Dona Anita conta que todos ficavam impressionados com a capacidade de concentração de seu marido. Ninguém entendia como conseguia

---

[169] Entrevista com Maria Lúcia Alckmin, Ibid.
[170] Cf. Idem.

trabalhar – e trabalhar sério – "no meio de todo aquele barulho, com criança falando, correndo, rádio ligado, televisão..."[171]

Próximo da hora do almoço, *Zeca* parava, recolhia seus instrumentos de trabalho, tomava banho e almoçava. Depois ia para o Tribunal, de onde voltava no fim da tarde.

"Aí ia jantar – continua recordando Maria Lúcia – e ficava conosco até a hora de irmos dormir. Nós íamos dormir cedo, oito horas, oito e meia... Daí ele nos colocava na cama, contava alguma história e depois descia... Ficava trabalhando até de madrugada, sempre trabalhou até altas horas."[172]

Seu método de trabalho também era muito próprio e podia causar certo desconcerto aos que estavam acostumados a sistemas mais "tradicionais". Conta seu sobrinho José Floriano de Alckmin Lisboa, que foi seu secretário particular quando ministro do Supremo Tribunal Federal:

"Ele costumava trabalhar assim: pegava um processo lia, fazia umas anotações e (...) deixava de lado. Depois pegava outro, fazia a mesma coisa e deixava. Assim com vários, sucessivamente... Quando comecei a trabalhar com ele isso me incomodou... E eu dizia para mim mesmo: puxa vida, como ele perde tempo... E lá ia ele, fazendo anotações e no final tinha um monte de papeizinhos dentro de

---

[171] Entrevista com D. Anita Rangel Alckmin, ibid.
[172] Entrevista com Maria Lúcia Alckmin, ibid.

cada processo. Ele ia anotando, colocando dentro da pasta, jogava de lado e pegava outro... E assim ia... Um dia eu criei coragem e perguntei por que ele fazia isso... E ele falou: 'leio e penso em cada processo, mas não posso, não devo dar o voto de imediato, é preciso esperar, amadurecer... Tudo tem seu tempo... Fique tranqüilo, está tudo arquivado aqui...' E de fato, passava um dia e ele perguntava: 'Cadê aquele processo assim assado?' E ele mesmo ia, achava-o no meio de centenas de pastas e pegava e sentava na máquina e fazia o voto dele. E isso sem nunca atrasar nada, sem nunca deixar de cumprir os prazos!"[173]

Tal dinâmica de trabalho se aplicava também na maneira como organizava materialmente as coisas. Comenta Maria Lúcia:

"Papai não era dos mais ordenados. Aliás, ele tinha a sua ordem. Na nossa casa, a sala de jantar tinha sempre 'n' livros em cima da mesa, tinha processo no chão... Ele sabia onde estava e o quê; se você mexesse, ele percebia na hora... Ele não era de guardar tudo em arquivinho, em gavetinha, ele não era organizado desse jeito que todo mundo considera certo."[174]

Certo dia, quando já era ministro do Supremo em Brasília, seu sobrinho e secretário José Floriano resolveu dar "uma or-

---

[173] Entrevista com José Floriano de Alckmin Lisboa. São Paulo, realizada a 18/10/2002. José Floriano é filho de Janira Alckmin.
[174] Entrevista com Maria Lúcia Alckmin, ibid.

dem" em suas coisas...

> *"É interessante que no começo eu estranhei muito a maneira de ele organizar seu escritório... Eu sempre fui muito organizado e sob a minha ótica ele era absolutamente desorganizado. Nós trabalhávamos em casa, no apartamento dele. Havia uma mesa grande, cheia de papéis, livros, processos etc... E ao redor, numa mesa ao lado e em cadeiras, tinha folha por tudo quanto é lugar... Então um dia – isso eu nunca vou esquecer – ele saiu e eu falei: bom, deixa eu dar uma organizada e arrumei... Nossa Senhora! Ele ficou uma arara, uma onça... E eu falei: é que estava muita bagunça... Mas ele respondeu: 'Não! Essa bagunça para você é a minha ordem... Então não mexa!' E eu falei: está bem, eu não mexo mais..."*[175]

Esse aparente caos nas coisas e na metodologia de trabalho, entretanto, escondia uma maneira muito própria de trabalhar, movida e direcionada pelo estudo, pela intuição e pela reflexão. Analisando os rascunhos de seus votos proferidos no Tribunal de Justiça, percebe-se, de forma concreta, aquilo que, em última análise, seus colegas de magistratura realçaram inúmeras vezes: seu cuidado, seu rigor em analisar, ponderar e discernir cada caso; colocando, em cada um, o máximo empenho. Em folhas grossas, próprias para rascunho – que podiam ser rasuradas, apagadas e reescritas várias vezes sem rasgar –

---

[175] Entrevista com José Floriano, ibid.

José Geraldo redigia à máquina o voto para cada acórdão. Percebe-se que para isto utilizava-se, além dos autos, de uma dezena de papeizinhos manuscritos com citações de autores brasileiros e estrangeiros, além de anotações pessoais que, como foi apresentado acima, deviam sair de suas leituras preliminares e de suas reflexões surgidas, às vezes, a desoras. Quando ministro do Supremo, a pesquisa bibliográfica se avolumaria. Conta José Floriano:

> *"Na época em que eu estava com ele, com muita freqüência ele mandava que eu fosse à biblioteca apanhar livros. A maioria eram livros estrangeiros, de direito estrangeiro. Havia então, na época, um diretor da biblioteca do STF que se chamava Dr. Natal – não me lembro o prenome... Lembro-me que o Dr. Natal dizia: 'puxa o ministro Alckmin é o único que pega esses livros. Eu que gosto muito disso...' Dr. Natal era um homem muito culto, muito letrado... E ele dizia que isso para ele era um prazer, pois os outros ministros não se interessavam muito pelas obras estrangeiras. Então ele enchia o carrinho e eu separava. Não que eu entendesse, mas ele me dava a lista e eu só ia lá buscar. Depois, um funcionário ia apanhar os livros, mas era eu que selecionava o que ele mandava. Para ele isso era realmente muito importante, era esse o esquema... Depois, numa maquininha de escrever pequena, portátil, ele fazia o voto, escrevia a mão outro tanto e indicava onde ele ia fazer a leitura... Então, atrás dele sempre tinha sempre um carrinho cheio de livros e ele ia chamando pela ordem e depois isso compunha o voto final..."*

Uma vez redigido à máquina o voto, José Geraldo voltava a revisá-lo, desta vez a tinta ou a lápis, com indicações para a sua leitura, como bem explica José Floriano no depoimento acima. Às vezes, encontram-se nesses rascunhos sentenças ou observações curiosas, divertidas, na maior parte rasuradas provavelmente para não serem lidas na sessão. Percebe-se aqui como, mesmo na aridez da labuta, o velho Zé Alckmin não perdia o senso de humor e, brincando com os autos, divertia-se a si mesmo. É o caso de um voto redigido sobre um processo envolvendo uma colisão na Avenida Rubem Berta. O réu, causador do acidente, alega ter realizado uma conversão em plena via expressa porque esta era permitida. E o julgador acrescenta: "asnaticamente permitida".[176] Obviamente, a frase foi prudentemente rasurada para não aparecer na leitura do voto.

Esse mesmo espírito que aliava seriedade e bom humor, trabalho e descontração, nos momentos da labuta solitária, predominava também no âmbito do trabalho coletivo. Já comentamos alhures sobre sua maneira de ser irônica, brincalhona, sempre amigável. Passados os anos, essas características só tenderam a se acentuar e a se aperfeiçoar. Colegas do Tribunal de Alçada e do TJ comentam saudosamente, em seus depoimentos e memórias, essa faceta marcante de sua personalidade: seu incrível senso de humor, inteligente, perspicaz, oportuno. José Geraldo sabia desanuviar e alegrar o ambiente sem com-

---

[176] Cf. AJGRA, pasta 20, doc. 156.

prometer a seriedade e o recato das diversas situações. Isso tanto nas reuniões das câmaras, como nas sessões plenárias, como ainda nas tertúlias informais que se formavam nos intervalos, antes ou depois do expediente.

> *"Ele fazia informalmente, às vezes – conta José Haroldo de Oliveira e Costa – até tomando um chopp, reuniões em que tratava de altas questões processuais. Ele era um mestre em processo civil e em direito civil e com ele tinha também um grupo seleto de juízes, o Min. Sidney Sanches, Cornélio e vários outros, com quem ele também discutia. E assim, em tertúlias ou conversas informais, eles tratavam de casos os mais importantes e saíam dali com soluções excelentes."*[177]

Tradicionalmente, nas sextas-feiras, após o expediente, José Geraldo, estando onde estivesse e com quem estivesse, costumava convidar para um chopp.

> *"Na faculdade de S. Bernardo, eu me lembro – conta Bruno Afonso André – que todas as sextas-feiras nós fazíamos uma pequena reunião depois das aulas, para tomar um chopp... Então era um convívio diferente e ele sempre afinado com o aperfeiçoamento judiciário."*[178]

---

[177] Entrevista com José Haroldo de Oliveira e Costa, realizada em São Paulo, a 16/12/2002. Dr. José Haroldo foi juiz auxiliar da Corregedoria da Justiça de São Paulo quando Alckmin foi corregedor

[178] Entrevista com Bruno Afonso André, realizada em São Paulo, a 25/11/2002. Dr. Bruno foi colega de José Geraldo no Tribunal de Alçada, no Tribunal de Justiça e na Faculdade de Direito de São Bernardo do Campo.

E José Floriano pontua:

> *"Sexta-feira geralmente era bom... Nós saíamos, íamos tomar um chopp... Interessante que ele dizia que o primeiro chopp era para limpar a garganta e então tomava assim, de um só gole. Depois, com calma, conversando, tomava mais um ou dois, no máximo... E pronto, já estava feita a festa. Comia um pedaço de pizza e pronto. Depois íamos para casa, jogar baralho... Todo mundo participava."*[179]

Tradicionais também eram, durante o período em que esteve morando na Rua Caravelas, em São Paulo, as sessões de gamão, que se realizavam no salão em cima da garagem e entravam madrugada adentro, com a presença de juízes e desembargadores.[180] Mais do que o jogo, era a sua presença que atraía.

> *"Ele atraía todo mundo... Todo mundo queria conversar um pouquinho com ele, porque ele tinha um papo espetacular, um bom humor fora de série... Fazia sarcasmo com humor. Isso fazia parte da personalidade dele, sempre com um jeito fora de série que é difícil de descrever. Ele era um gentleman."*[181]

---

[179] Entrevista com José Floriano de Alckmin Lisboa, ibid.
[180] Cf. entrevista com Maria Lúcia Alckmin, ibid.
[181] Entrevista com Paulo Restiffe Neto, realizada em São Paulo, a 27/02/2003. Dr. Paulo Restiffe também auxiliou Alckmin na Corregedoria Geral da Justiça.

Apesar desse jeito descontraído e comunicativo, paradoxalmente, José Geraldo não deixava de ser uma pessoa reservada. Em casa, por exemplo, não costumava falar muito. Era mais bem calado.

> *"Papai era muito caladão, não era muito de falar. Quando chegava em casa, comentava duas ou três coisas e não era de ficar conversando muito... Agora, era uma pessoa muito atenta. Por isso que eu acho que nós nos sentíamos muito acompanhados, mesmo que ele não estivesse falando. Almoço de domingo e, às vezes, jantar, era a hora de nós conversarmos, mas ele mais ouvia do que falava..."*[182]

Dona Anita, sua esposa, confessa que essa sua faceta, mais bem taciturna, lhe incomodava um pouco; ela que sempre foi uma pessoa mais extrovertida...

> *"Ele era uma pessoa séria demais, não gostava muito de festa, era muito caseiro; durante o namoro não, mas depois que casamos já mudou muito..."*[183]

Já víamos, quando analisávamos as cartas dos tempos de noivado, que nem sempre a postura mais "realista" e pouco "romântica" de José Geraldo era bem interpretada pela noiva. Anos mais tarde, esse caráter mais "sério" e reservado do marido, principalmente em casa, tendeu a ser interpretado como "rabugice":

---

[182] Entrevista com Maria Lúcia Alckmin, ibid.
[183] Entrevista com D. Anita Rangel Alckmin, ibid.

> *"Fora de casa ele era uma pessoa, dentro de casa, era outra... Ele era muito delicado com as pessoas, tratava bem, mas em casa ele era meio rabugento... Ele era muito exigente."*[184]

> *"Exigente sim, mas rabugento?... Aí há controvérsias – discute Maria Lúcia. Eu não acho que ele fosse rabugento, sisudo ou bravo. Ele não era uma pessoa risonha. Papai não era de ficar rindo para a parede, mas ele era uma pessoa alegre, sabia brincar... Mas não era uma pessoa expansiva..."*[185]

E neste ponto os outros filhos parecem ser unânimes: mais do que rabugento ou bravo, José Geraldo Alckmin era um pai exigente.

> *"Ele era exigente, bastante exigente... Com escola, com companhias com quem a gente andava, ele procurava estar meio cercando, procurava conhecer de perto... Na época da faculdade eu costumava levar os amigos em casa e ele participava da bagunça... Um tocava violão... e ele ficava lá perto justamente para ver quem eram os comunistas terríveis com quem eu andava... Era exigente mas não impunha. Nunca obrigou que se fizesse alguma coisa."*[186]

---

[184] Idem.
[185] Entrevista com Maria Lúcia Alckmin, ibid.
[186] Entrevista com Heloísa Rangel Alckmin Nogueira, realizada em São Paulo, a 01/11/2003.

> *"Papai era muito tranqüilo, mas era muito austero em relação às suas próprias obrigações. Era muito preocupado com horário... Não era preocupado com as formalidades, mas sim com o conteúdo. Ele era muito austero, muito severo quanto às obrigações, mas não quanto à forma."*[187]

E continua José Eduardo, comentando sobre a forma de lidar e educar os filhos:

> *"Chamar a atenção mais diretamente, de forma ostensiva, não era muito o estilo dele... Ele era mais de acompanhar, formar, conversar... Quando via ou sabia de algo errado que nós tivéssemos feito, então ele vinha e falava de forma mais contundente. Ele então chamava e dizia: 'Fiquei sabendo que o senhor fez isso e etc...' Quando ele chamava de 'senhor' já se sabia que a coisa era séria... Mas nunca foi de tomar qualquer atitude mais violenta... Quando muito, quando éramos pequenos, ele, às vezes, dava uns coquezinhos na cabeça, que não dóiam nada; só para mostrar que ele não estava satisfeito com a situação. Acho que ele corrigia muito mais dando o exemplo do que falando ou castigando... E acho que dessa forma ele alcançou o seu objetivo, porque aqui em casa todo mundo saiu a ele..."*[188]

---

[187] Entrevista com José Eduardo Alckmin, realizada em São Paulo, a 01/11/2003.
[188] Idem.

Das lembranças de seus filhos, configura-se a imagem de José Geraldo como um pai exigente, sim, rigoroso – era até, às vezes, um pouco impaciente e ríspido diante do desleixo ou da "burrice"[189] – mas também afetuoso, atento, carinhoso, companheiro, amigo.

Nas recordações mais remotas, principalmente das três filhas mais velhas, destaca-se a figura do *paizão*, que encantava com sua presença e suas histórias.

> *"O que mais me lembro do meu pai de quando eu era criança – e que hoje eu dou um super valor – é o seguinte: mamãe mandava a gente para a cama, mas papai ia com a gente e ficava contando história. Na época a gente considerava isso a coisa mais normal, mas agora, olhando em retrospectiva, sabendo da quantidade de trabalho que ele tinha para fazer, gastar o tempo contando história... Eu acho uma coisa fabulosa...*
> *Eu, particularmente, como toda criança normal de cinco, seis anos, também tinha meus pesadelos à noite. E no meu tinha sempre uma bruxa que ficava embaixo da minha cama. Eu acordava assustada e, é claro, não podia levantar, com medo da bruxa, então o que eu fazia era gritar*

---

[187] Entrevista com José Eduardo Alckmin, realizada em São Paulo, a 01/11/2003.
[188] Idem.
[189] Cf. entrevistas com Maria Lúcia e Heloísa Alckmin. Esta última, em certo momento, conta: "Ele era muito paciente, só não tinha paciência com burrice. Ele dizia: 'Burrice demais ofende a Deus' Ou então: 'Quando o sujeito é burro demais é pedir a Deus que o mate e o Diabo que o carregue'..."

para o meu pai. E ele tinha a santa paciência de ir lá, deitar comigo, esperar que eu dormisse e só depois voltar para a cama dele de novo."[190]

E, de fato, como conta D. Anita,

"Com as crianças (...) ele tinha muita paciência. Muitas vezes à noite, quando acordavam, ao invés de me chamar, chamavam por ele..."[191]

E Aneliese, a filha mais velha, lembra:

"Mais do que a minha mãe, era meu pai que contava histórias, porque ele tinha uma boa imaginação e, coitado, morto de canseira ele deitava na cama, a gente em roda, e aí ele começava a contar história e começava a dormir na história e aí ele parava... A história tinha um sapo e um rei, e quando chegava nesta parte, eu me lembro que ele então contava: 'o rei perguntava para o sapo: foi ou não foi? E o sapo perguntava para o rei: foi ou não foi?' E aí ele ficava meia hora falando 'foi, não foi, foi...' dormindo e a gente cutucava... pai e daí? E ele ficava no 'foi não foi' um tempão, então isso é uma lembrança gostosa da infância."[192]

---

[190] Entrevista com Heloísa Alckmin, ibid.
[191] Entrevista com D. Anita Rangel Alckmin, ibid.
[192] Entrevista com Aneliese Alckmin Herrmann, ibid.

Era também um pai zeloso e preocupado. Conta Maria Lúcia:

"Quando nós ficávamos doentes, o papai saía do sério. Isso com qualquer um de nós... Ele entrava em parafuso e então ele ficava passando em frente do quarto toda hora e às vezes ele abria e olhava para ver se estava tudo bem."[193]

Uma de suas maiores preocupações naqueles tempos era com Aneliese, que tinha asma.

"Durante as crises, eu me lembro, que meu pai levantava e ficava noites comigo, andando em casa, passando a mão nas costas, tentando ajudar a respirar... Eu lembro bastante disso, eu amolava todo mundo e quem animava a levantar e ficar cuidando era meu pai..."[194]

Com o passar do tempo, o *paizão* abnegado foi se transformando em mestre, amigo, aliado. Além de ajudar nas tarefas da escola – sempre, é claro, de forma muito pedagógica, incitando a pensar, a refletir –, José Geraldo assumiu também o papel de "cúmplice" dos filhos.

José Eduardo conta:

"Eu me lembro dele não só como pai, mas também como amigo, que quando precisava, sendo ele tão ocupado como

---

[193] Entrevista com Maria Lúcia Alckmin, ibid.
[194] Entrevista com Aneliese Alckmin Herrmann, ibid.

era, largava tudo, largava os processos, para ouvir, trocar uma idéia, ajudar, aconselhar, atender..."[195]

E Heloísa – a quem o pai, enquanto se barbeava, ajudava com o latim – quando chegou à adolescência, teve uma grata surpresa:

"Outra lembrança assim boa que eu tenho é da época que eu tinha uns 15, 16 anos e eu arranjei um namorado em Guaratinguetá, onde nós íamos passar as férias... Um dia ele chegou de São Paulo e minha avó foi e contou que eu estava saindo com um rapazinho de lá. Eu, que sempre fui muito briguenta e que não gostava nada, nada que falassem da minha vida e das minhas coisas, já fiquei com cara feia. Mas então ele falou assim: 'Deixa, mãe. Ela tem 16 anos; se não fizer isso agora, vai fazer com quantos anos, com 40?' Aí eu me senti o máximo. Pensei: já tenho um aliado... É, o papai tinha dessas coisas... Ao mesmo tempo ele era severo, com horário, por exemplo. Quando eu estava na faculdade e dirigia, ele ficava uma fera quando eu chegava tarde da noite... Mas ele mesmo não falava; ele mandava minha mãe dar bronca... Mas ele confiava, ele sabia confiar. E também apoiava as coisas que nós inventávamos... Eu era bandeirante e depois fui chefe de um grupo de lobinhos. Então tinham os acampamentos e ele

---

[195] Entrevista com José Eduardo R. Alckmin, ibid.

dava força. Sempre acompanhando, conhecendo as pessoas, mas dando força. Era uma pessoa de bom senso..."[196]

Para os rapazes, inesquecíveis foram as férias que, quando jovens, tinham, a sós, com o velho Alckmin. José Geraldo Filho narra uma delas, de forma muito divertida, explicitando a mesma verve cômica do pai:

"Eu, ele e o Duda[197] *fomos uma vez para Minas passar o carnaval... Escapamos da morte num acidente grave que teve na estrada e chegamos a Três Corações e fomos para um hotel, que, no entanto, estava lotado. Então nós fomos para uma pousada, extremamente simples, que ficava em cima de uma padaria – imagine só... O hotel tinha um corredor comprido e em cima do forno da padaria era o meu quarto. Quando eu descia da cama chegava a queimar os pés no chão. Papai, junto com o Duda (José Eduardo), ficou com uma suíte que tinha no alto, com um banheiro com aqueles chuveirões elétricos. O corredor era estreito e o tipo que tomava conta do hotel fazia de tudo: carregava malas, registrava, botava mesa, tirava, fazia de tudo... Lembro-me que o açucareiro era um daqueles frascos de Toddy, com um colherão de alumínio meio molhado... O pessoal pegava a colher, colocava açúcar e mexia e depois deixava lá para o outro se servir... O tipo que*

---

[196] Entrevista com Heloísa Alckmin, ibid.
[197] Duda era o apelido de José Eduardo.

atendia, de noite fazia de guarda também... Ele sentava no corredor, esticava as pernas na cadeira e então quando alguém chegava tinha que passar em cima da perna dele para chegar até o quarto...

Assim que chegamos, o Duda falou: 'Pai, o senhor está levando muito dinheiro; o senhor não quer colocar no cofre do hotel?' E ele respondeu: 'Se eu colocar o dinheiro no cofre, o pessoal foge com o dinheiro e deixa o hotel.'

Era carnaval e nós fomos tomar whisky no restaurante de Três Corações e o papai falou que eu já estava liberado para tomar whisky... Dei uma bicada, que coisa horrorosa... E o papai, foi tomar o whisky e jogar ele na hora num vaso que estava ao lado da mesa, perto da calçada, onde tinha um espadão de S. Jorge. Foi ele jogar e o espadão ficou branco na hora! E eu então falei: 'Pai, o que nós vamos ficar fazendo nessa cidade?' Ele respondeu: 'Vamos dar uma andada por aí, vocês precisam aprender como é esse mundão por aí. Não podem ficar mal acostumados...' E então fomos para Ouro Preto, para Belo Horizonte, fomos para vários lugares e no ano seguinte nós repetimos a dose: fomos para algumas outras cidades diferentes e no outro ano nós voltamos a andar por lá... Tudo sem roteiro definido, em hotéis de beira de estrada, era muito divertido e a gente aprendia muito..."[198]

---

[198] Entrevista com José Geraldo Alckmin Filho, ibid.

Essas viagens "sem destino" e sem conforto, reconhecem os filhos, foram fundamentais para formá-los na simplicidade e fortalecer os vínculos de amizade, com o pai e entre eles.

Apesar dessas aventuras, como bem ponderava D. Anita, José Geraldo era um homem bem caseiro e sua maior alegria era estar em casa, com a família. Durante a semana, como vimos, pela manhã, depois de ir à missa, costumava trabalhar em casa, estudando os processos, redigindo os votos, enquanto ajudava as crianças nos estudos. À tarde, depois que voltava do Tribunal, era o momento da descontração. Conta José Geraldo Filho:

> *"Quando ele chegava, lá pelas cinco horas da tarde, eu me lembro que ele já ia botando uma roupa de casa, pegando uma revista chamada* X9 *e sentando conosco para esperar o jantar... Ele adorava ler estas revistas ilustradas. Eram duas as que ele mais gostava:* X9 *e* Mistério Magazine. *Eram revistas de suspense, crime, detetive... Era interessante porque você ficava tentando desvendar quem era o assassino, quem era o assaltante, como é que a polícia fez para solucionar o crime etc... Eram histórias excelentes, hoje não publicam mais... Agatha Christie, por exemplo, escrevia no* Mistério Magazine... *E para a gente ele comprava* Tio Patinhas, Pato Donald, Luluzinha, Bolinha, *essas coisas... Então esse era o programa de fim de tarde... Depois, quando veio a televisão, costumávamos*

ficar assistindo algo até a hora do jantar."[199]

O domingo era um dia exclusivamente dedicado à família. Como recorda José Eduardo:

> *"No domingo, íamos todos juntos à missa. Depois, ele gostava de passar numa* rotisserie *perto da igreja e comprar gnochi, raviolli e levar para casa. Ele mesmo preparava – quer dizer, preparar é modo de dizer... Ele colocava e tirava da água, porque o molho geralmente era alguém que fazia ou era comprado também... Mas aquilo lhe dava satisfação... Nessas ocasiões, ele costumava também abrir uma garrafa de vinho e permitia que todos tomassem, democraticamente, mesmo os que não tinham dezoito anos, um pouquinho, um cálice... Era também uma forma de ir nos formando em relação à bebida... Ensinava a beber em casa, com moderação."*[200]

Assim também as férias, que para ele eram momentos de desfrutar com mais tranqüilidade o descanso em família. Gostava, nessas ocasiões, de ir à praia...

> *"Eu me lembro de nós, toda a família, na praia, brincando e ele à sombra de uma árvore, lendo algum romance policial... Ele não era muito de sol, areia, mas estava sempre presente."*[201]

---

[199] Entrevista com José Geraldo Alckmin Filho, ibid.
[200] Entrevista com José Eduardo Alckmin, ibid.
[201] Idem.

Nunca faltava, porém, a temporada em Guaratinguetá, em que, na descontração da roça, aproveitava para conviver com a mãe, os irmãos e os sobrinhos. Heloísa Helena, filha do seu irmão mais velho, André, lembra dessas temporadas de férias na chácara:

> *"Lembro do tio Zeca de chapéu de palha e de bengala de taquara de bambu. Quando fazia muito frio, andava com uma colcha de retalhos... Adorava jogar pingue-pongue, fazer brincadeiras. Lembro-me de nós todos fazendo passeios a pé pelas estradas da chácara: ele, tia Anita, as meninas que eram minhas companheiras e os meninos ainda pequenos... As férias eram boas, tio Zeca e tia Anita tinham seu quarto e nós, as meninas, dormíamos todas juntas. Era a casa das sete meninas: três do Zeca e quatro do Andrezinho. Lembro-me também a maneira como o tio Zeca se dava com a tia Anita... Era um casal gostoso, ele sempre brincando com ela, que por sua vez dava impressão de que não estava nem aí."*[202]

A união com a mãe e os irmãos foi outro traço marcante na vida desse *homem de família*. Em primeiro lugar, chamava a atenção dos filhos e sobrinhos a maneira como ele respeitava e alimentava um carinho comovente pela mãe. Segundo conta Aneliese,

---
[202] Entrevista com Heloísa Helena Alckmin Nogueira, ibid.

"Papai tinha uma verdadeira devoção pela vovó, a mãe dele. Quando nós éramos pequenas e a vovó vinha para São Paulo, ficava na casa da tia Jana e nós íamos para lá quase todo domingo. Eu ficava impressionada de ver como a vovó tinha uma ascendência incrível sobre o papai. Para as coisas que a vovó pedia o papai jamais dizia não, por mais difíceis que fossem... E nós percebíamos a alegria dele quando a mãe estava perto. Ele demonstrava um profundo respeito, admiração por ela... E isso também com os outros irmãos e também entre eles... Tanto é assim que para nós, durante muito tempo, era difícil fazer a distinção entre pai e tio; para nós era tudo a mesma coisa, tamanha a união entre eles e nós. Essa impressão de uma família muito próxima é das mais antigas da minha mente."[203]

Alicerçada no amor e carinho pela mãe, desenvolveu-se uma relação muito sólida entre os irmãos, de maneira particular entre José Geraldo e Geraldo José, o que lhe era mais próximo em idade – e, ao que tudo indica, em personalidade também.

"Era bonito de ver – conta José Eduardo – a forma como ele se preocupava com os irmãos, com a mãe... Quando tinha de pagar alguma coisa, era uma briga de cão e gato para ver quem se adiantava e pagava na frente do outro.

---
[203] Entrevista com Aneliese Alckmin Herrmann, ibid.

Interessante era o relacionamento dele com o irmão mais próximo, o Geraldo José. Eles desenvolviam uma dialética própria: o que um dizia, o outro dizia o contrário... Era engraçado de se ver... Às vezes, o que um tinha defendido numa semana, na outra estava atacando e as posições se invertiam. Parecia coisa de repentista do interior. Mas tudo num clima muito leve, muito divertido... Eles encaravam isso como uma espécie de cena para divertir a família e eles mesmos se divertiam fazendo isso... Tudo, em qualquer assunto, mas principalmente em política..."[204]

As "disputas" entre os dois irmãos tornaram-se memoráveis na família. Geraldo José Alckmin Filho, que mais tarde haveria de seguir carreira política, chegando ao Governo do Estado, lembra que não era pouco o que se aprendia através dos debates entre o pai e o tio.

"Tio Zeca e papai eram muito ligados, até pela faixa de idade. Papai, com cinco irmãos, era o quarto e tio Zeca, o quinto. Então eles eram muito próximos e era uma delícia para nós vermos os dois juntos. Nós nos divertíamos muito... E também aprendíamos."[205]

José Geraldo Filho lembra de um episódio que ilustra muito bem em que medida esses encontros eram de fato divertidos:

---

[204] Entrevista com José Eduardo Alckmin, ibid.
[205] Entrevista com o governador Geraldo Alckmin, realizada em São Paulo, Palácio dos Bandeirantes, a 25/03/2003.

> *"Sempre que ia à feira, mamãe nos comprava um brinquedinho, besteira de feira... Uma vez ela comprou um daqueles revolvinhos de alumínio que dava 2, 3 tiros e tinha de jogar fora porque já não prestava mais... Então, eu me lembro, era sexta-feira e o tio Geraldo veio para São Paulo... Daqui a pouco o papai e o tio Geraldo começaram a brincar de mocinho e bandido e um dava tiro no outro, com os nossos revolvinhos! Um escondia atrás da porta e pá... O outro corria até o sofá e pá... E o papai tinha o que? Uns cinqüenta e poucos anos! Meu pai nunca foi muito 'certinho'... Gostava de uma farra... E tio Geraldo era assim também, era o grande companheiro do papai."*[206]

Tudo isto mostra, por outro lado, o quanto da espirituosidade do jovem Alckmin não só se manteve como se aperfeiçoou na maturidade.

Voltando ao ambiente doméstico, é interessante observar como essa faceta irônica, brincalhona e bem humorada se faz presente na memória de seus filhos. Aneliese, comenta:

> *"Ele brincava muito, tinha um humor muito interessante, mas não era sarcástico. Tinha um humor espirituoso, isso chamava atenção. Ele não era uma pessoa que, ao chegar num ambiente, aparecesse; não, pelo contrário, era*

---
[206] Entrevista com José Geraldo Alckmin Filho, ibid.

um pouco tímido até, mas no ambiente dele era uma pessoa que era realmente espirituosa..."[207]

Heloísa, a terceira filha, casou-se pouco tempo antes de o pai ser nomeado ministro do Supremo Tribunal Federal. Ele mudou-se, com D. Anita e os filhos homens para Brasília, mas ela ficou em São Paulo, entretanto...

"Todo domingo minha mãe ligava e ele ficava ao lado, esperando a vez de falar. Então minha mãe dizia: 'Espera aí que eu vou passar o telefone para o seu pai porque ele está aqui me atormentando...' E então ele dizia, com voz fina, em tom de deboche: 'Seu pai quer falar com você, seu pai quer falar com você, seu pai quer falar...'"[208]

Nessa mesma época, um pouco antes, outro fato, narrado desta vez por José Eduardo, ilustra muito bem essa faceta ao mesmo tempo irônica e simples, própria dos que não se deixam levar pelas glórias do mundo e sabem rir de si próprios.

"Ele era muito engraçado, gozador... Tinha uma ironia fina... Eu me lembro um dia, logo depois que saiu a nomeação dele para o Supremo, teve uma homenagem na Associação dos Serventuários da Justiça... Ele chegou em casa todo contente, com uma espécie de boletim, de revista nas mãos... Era um número especial que só falava dele; do

---

[207] Entrevista com Aneliese Alckmin Herrmann, ibid.
[208] Entrevista com Heloísa Alckmin, ibid.

começo ao fim só dava José Geraldo Rodrigues de Alckmin, com história, foto de tudo quanto é jeito... Eu me lembro que nós estávamos vendo algum programa na televisão, super interessados... Ele chegou e mostrou. Nós pegamos e fomos olhando, meio distraídos e passando de um para o outro, vendo assim por cima... Enquanto isso ele foi até o quarto para se trocar. Mais tarde, ao sair do banheiro, ele voltou à sala de TV e disse, fazendo cara de bravo, de indignado: 'Não é possível! Uma vida inteira dedicada à família, ao país, à justiça, para ir parar no banheiro, para virar literatura de banheiro!' Alguém de nós teve de ir ao banheiro e acho que aproveitou para levar a tal da publicação e acabou esquecendo lá... Mas eu só sei que foi engraçado. Ele falava brincando, porque na verdade ele não dava a mínima para estas coisas, mas com ar de quem estava bravo, indignado... Nós nos divertíamos com essas coisas dele..."[209]

Sem dúvida, as raízes dessa sua espirituosidade, do seu bom-humor, estavam assentadas em boa parte na sua maneira de ser, desprendido, simples, humilde. Essas foram características que também muito chamaram a atenção e marcaram os que viveram mais perto dele.

"Outra coisa que eu realmente admiro no meu pai – conta

---
[209] Entrevista com José Eduardo Alckmin, ibid.

Heloísa – é o desprendimento. Ele era uma pessoa absolutamente despojada; ele não dava a mínima importância nem para cargo, nem para posição social... Ele era vaidoso, gostava de andar arrumadinho, mas uma coisa normal, nada muito exagerado... Mas era um sujeito que vinha do Supremo Tribunal Federal, pegava um ônibus na esquina até a rodoviária, pegava um outro ônibus e ia até Guaratinguetá, como qualquer um do povo...
Outra coisa era a maneira como ele era generoso. Eu me casei e logo fui tendo um filho atrás do outro e a situação não era fácil... Ele, para não humilhar, fazia umas coisas... Ele, quando queria ajudar não vinha e dava dinheiro... Ele às vezes pedia para um dos meus filhos ir à padaria comprar pão e dava uma nota de... sei lá, o que hoje seria uma nota de cinqüenta reais e depois falava: entrega o troco para sua mãe... Ele era muito discreto. Era generoso com discrição."[210]

Nesse mesmo sentido, lembra Maria Lúcia:

"Chamava atenção o quanto o papai era simples... Qualquer pessoa que conhecesse papai e não soubesse que ele era juiz, não perceberia, pela sua postura, que fosse alguém que possuísse um cargo importante... Tanto que ele era amigo de gente de categoria social muito diferente... O chofer do Tribunal era muito amigo do papai. Ele ia lá em

---

[210] Entrevista com Heloisa Alckmin, ibid.

> *casa, o Sr. Dorival... E depois de aposentado ele continuou indo... O porteiro do Tribunal, o bedel da escola, aluno, sei lá, até deputado, senador, ministro, eram muito amigos... Ele era amigo de qualquer um, era um homem de coração aberto..."*[211]

De coração e mãos abertas. Rigoroso e controlado consigo mesmo, José Geraldo não colocava empecilhos quando se tratava de ajudar os outros. Geraldo José Alckmin Filho, que durante um tempo morou com os tios em São Paulo, enquanto fazia cursinho pré-vestibular, relembra:

> *"Tinha um senhor – o Sr. Borges – que era o porteiro lá da fazenda e tinha um problema, porque uma enteada dele havia se separado e tinha surgido um conflito familiar. Ele, então, ia ao tio Zeca pedir um parecer jurídico, um conselho... E o tio Zeca ficava lá uma hora, uma hora e meia, dando as explicações, orientando o Sr. Borges no problema jurídico, nos problemas de direito de família... Era uma pessoa muito generosa."*[212]

Assim também em relação aos familiares. De maneira uníssona, filhos e sobrinhos recordam como o *velho Zeca* se adiantava constantemente para, com muita discrição e bom-humor, socorrer alguém que porventura se encontrasse em apuros econômicos. De maneira especial, a sua irmã Janira, a quem sempre acudia, de forma absolutamente discreta, quase sem

---
[211] Entrevista com Maria Lúcia Alckmin, ibid.
[212] Entrevista com o governador Geraldo Alckmin, ibid.

deixar perceber o que se passava.

Por outro lado, entretanto, em relação a si mesmo era extremamente controlado. Nunca quis amealhar bens, nem sequer os possíveis e compatíveis com sua condição de magistrado. Conta sua filha Heloísa:

"Nós moramos a vida inteira em casa de aluguel. E quando minha mãe começou a dizer que queria uma casa própria ele respondia que já tinha se acostumado a morar em cima do sapato e embaixo do chapéu. Ele costumava dizer: 'para meus filhos deixo esse vale de lágrimas'. Outra frase que ele dizia era: 'Quem seus bens dá aos prazeres, poupa a vida aos deveres'."[213]

E conclui, mais adiante:

"Foi uma pessoa que soube dar o peso certo para as coisas. Valorizar as coisas que realmente tinham valor."[214]

E, de fato, essa parece ser a conclusão de todos aqueles que conheceram e conviveram com José Geraldo Rodrigues de Alckmin – filhos, sobrinhos, parentes, amigos, alunos: alguém que soube valorizar as coisas que realmente tinham valor.

Fundamentados nos testemunhos e na memória que ainda se perpetua, percebemos que José Geraldo soube ponderar e julgar sabiamente não apenas no âmbito do direito, mas tam-

---

[213] Entrevista com Heloísa Alckmin, ibid.
[214] Idem.

bém no âmbito da própria vida. Foi um juiz sábio, mas antes de tudo um sábio juiz; um sábio, enfim; um homem de uma peça só.

UM HOMEM RELIGIOSO

Sem dúvida, toda essa gama de virtudes e qualidades, de sabedoria e equanimidade, poderia, talvez, aproximar a figura do nosso biografado à imagem de um santo. *Sábio e Santo* é, inclusive, o título de um dos artigos que se publicou num grande jornal de São Paulo logo depois de sua morte.[215] E, de fato, não é incomum encontrar, nas memórias e depoimentos, principalmente de ex-colegas, apreciações como esta, feita por Esther de Figueiredo Ferraz:

> *"A passagem dele era sempre um traço luminoso... Não só foi um grande juiz, um ótimo juiz, mas um grande homem. Ele era uma pessoa muito generosa, muito crente, muito religiosa, mas muito tolerante com os defeitos dos outros, embora fosse muito exigente consigo mesmo. Ele tinha algo de santo..."*[216]

Sem nos determos na procedência ou validade teológica dessas apreciações, elas, entretanto, apontam para uma realidade central e essencial da vida e da personalidade de José Geraldo Rodrigues de Alckmin, que se apresenta, inclusive, como uma das chaves para a sua compreensão. Não se pode entender

---
[215] Paulo José da Costa Jr., "Sábio e Santo" in *Folha de S.Paulo*, 12/11/1978, Ilustrada.
[216] Entrevista com Esther de Figueiredo Ferraz, realizada em São Paulo, a 04/12/2002.

a vida e a obra de José Geraldo sem levar em conta a sua dimensão espiritual, religiosa.

Víamos, no primeiro capítulo, que José Geraldo nasceu numa família católica praticante. Sua mãe, D. Ida Ravache, descendia de alemães protestantes, mas, tendo estudado em um colégio de irmãs em Itu, converteu-se, ao que parece, antes de se casar. Católica, D. Ida apresentou, até o fim da vida, um fervor, uma devoção e uma convicção germânica da sua fé. Desde o início fomentou práticas devocionais que se perpetuam até hoje na família, como a recitação do rosário e a oração diante do presépio no tempo de Natal.

Por outro lado, seu pai, André Rodrigues de Alckmin, que parece ter influenciado decisivamente na conversão da sua futura esposa, era um homem que já devia trazer arraigada a velha fé de cepa mineira de longas gerações. Contam seus contemporâneos e descendentes que André Alckmin foi um dos líderes das Conferências de São Vicente de Paula em Guaratinguetá – iniciativa de cunho apostólico que promovia obras de caridade em favor dos pobres e necessitados. É bem difundido na memória familiar e local o fato de o Prof. André organizar em casa, freqüentemente, almoços ou jantares em que os mendigos e miseráveis eram convidados. E há outras histórias como essas, às quais já nos referimos no primeiro capítulo deste livro.

A família Rodrigues de Alckmin, portanto, cresceu num ambiente em que a fé e a prática religiosa estavam presentes no dia-a-dia, informando valores, pensamentos, atitudes. Geraldo José, o penúltimo filho, chegou inclusive a ser seminarista durante algum tempo, de forma que a questão religiosa era algo levado muito a sério na família.

José Geraldo seguiu, num primeiro momento, os passos do pai. Vicentino como ele, já desde muito jovem participava das famosas Conferências quando ainda era estudante ginasial e normalista. Em São Paulo, enquanto acadêmico de direito, continuou sua atuação, incentivado por um colega veterano da faculdade, Pedro Barbosa Sobrinho:

"Fui eu que levei o Alckmin para as Conferências Vicentinas em São Paulo. Era um homem muito simpático e nós estávamos sempre juntos. Acabamos ficando muito íntimos. Eu gostava muito dele. Lembro-me que ele era um colega muito sincero, muito leal. Era uma pessoa muito simples
Nas conferências vicentinas nós cuidávamos dos pobres. Eu freqüentava desde o tempo de Taubaté. Ele também parece que era, lá em Guaratinguetá, mas então em São Paulo freqüentávamos juntos. Nós costumávamos atender algumas pessoas pobres, doentes lá no bairro do Bixiga."[217]

Também nessa mesma época, como vicentino, trabalhou voluntariamente como professor de Português e de Legislação

---

[217] Entrevista com Pedro Barbosa Sobrinho, realizada em São José dos Campos, a 17/01/2003. Dr. Pedro, nascido em Taubaté em 1918, formou-se pela Faculdade de Direito do Largo de São Francisco em 1931 e ingressou na magistratura em 1935. Ao lado de José Geraldo, foi um dos fundadores, em 1953, da APAMAG, Associação Paulista de Magistrados.

Fiscal para o curso de contabilidade do Instituto Pedagógico Frederico Osanan, escola católica, sem fins lucrativos, fundada por Júlio Pena, membro das Conferências de São Vicente. Segundo Guelfo Pescuma, aluno do instituto na época,

> *"O professor Alckmin era excepcional... Ele ainda era estudante de direito, mas o seu conhecimento na área da legislação fiscal era impressionante. Além disso, ele era extremamente didático. Era brincalhão, muito simpático e atencioso com os alunos, mas se fazia respeitar. Era muito estimado..."*[218]

Aimone Summa, outro aluno dessa época, comenta:

> *"Dr. Alckmin devia estar no último ano da faculdade quando foi nosso professor. O curso era noturno, mas ele sempre se apresentava disposto a atender, a ajudar. Tinha um conhecimento excepcional de português. Sabia o português melhor que muitos professores da Faculdade de Direito... Era também um homem muito religioso. Percebia-se que realizava aquele trabalho com espírito cristão..."*[219]

Ao terminar a faculdade, José Geraldo seguiu com suas atividades vicentinas, as quais só foram interrompidas quando da sua ida para Valparaíso. Ali e mais tarde, durante o tempo em que desempenhou funções de juiz auxiliar, José Geraldo se

---

[218] Entrevista com Guelfo Gibelino Pescuma, realizada por telefone no dia 23/10/2003.
[219] Entrevista com Aimone Summa, realizada por telefone no dia 24/10/2003.

viu obrigado a cessar com os compromissos apostólicos, porém sem deixar as práticas religiosas. Nas cartas que escreve, nessa época, para a noiva, comenta freqüentemente ter ido à missa aos domingos e revela o costume de rezar, invariavelmente, por um ou outro motivo.

Na medida em que foi amadurecendo, entretanto, parece que suas inquietações espirituais começaram a crescer. Não no sentido de contestação da fé, mas, muito pelo contrário, na direção do seu aprofundamento. Aneliese, a filha mais velha, lembra que, por volta do início dos anos 60, notava-se essa crescente "inquietação espiritual".

> *"Eu me lembro que, nessa época, ele começou a ir com mais freqüência à missa. Nós já íamos sempre todos os domingos, mas eu me lembro que então ele começou a ir também em alguns dias da semana... Ia cedinho ou então à tarde, quando saía do Tribunal. Lembro também que nessa época ele andava lendo um livrinho que se chamava* Preparação para a Morte*... Nós achávamos aquilo esquisito e ele, como sempre, brincava, fazia piada sobre o assunto, mas se percebia que ele andava mais inquieto com as questões espirituais..."*[220]

Foi então que José Geraldo entrou em contato com uma iniciativa apostólica católica recém-chegada ao Brasil: o Opus Dei.

---

[220] Entrevista com Aneliese Alckmin Herrmann, ibid.

Fundado na Espanha por São Josemaria Escrivá de Balaguer, em 1928, o Opus Dei constitui-se numa instituição da Igreja destinada a desenvolver atividades de formação doutrinal e espiritual para leigos e a difundir a mensagem da chamada universal à santidade. Segundo São Josemaria Escrivá, resgatando princípios e valores da Igreja primitiva, a santidade – a máxima identificação possível do ser humano com o seu salvador, Jesus Cristo – é um ideal colocado por Deus para todos os homens, independentemente do seu estado e condição. Por isso, o cidadão comum, o simples leigo, e não apenas o *religioso* – aquele que emite votos e se consagra a Deus numa ordem ou congregação –, está chamado, *vocacionado*, a viver, no âmbito das suas ocupações familiares, sociais e profissionais, o ideal da perfeição cristã. Reconhecida pelo Vaticano em 1947 e acolhida por um número crescente de fiéis leigos, a Obra – como também é chamado o Opus Dei –, a partir de Roma, expandiu-se rapidamente por todo o mundo, chegando ao Brasil em fins dos anos 50. Por volta de 1960 ou 1961, dois sacerdotes do Opus Dei realizavam um trabalho apostólico ainda incipiente na cidade de São Paulo. Um deles, Padre Afonso, costumava atender confissões na Catedral da Sé. É lá que vai conhecer Aneliese, a primeira filha de José Geraldo Rodrigues de Alckmin, na época estudante secundarista.

> *"A primeira pessoa que conheceu a Obra lá em casa fui eu, por acaso, na Catedral da Sé. Eu conheci um sacerdote que tinha vindo, um dos primeiros, o Pe. Afonso. Isso foi nos idos de 1960... Uma amiga minha me convidou e disse: 'Olha, tem um padre muito bom que atende confis-*

sões lá na Sé; você não quer ir comigo?' Eu fui e gostei muito da maneira como ele atendia, pois não apenas escutava a confissão, mas orientava, dava sugestões muito práticas, muito realistas. Eu então passei a ir lá quase toda semana e então, certo dia, ele me perguntou de meus pais; se eram praticantes etc... Falei-lhe do meu pai, daquelas suas inquietações espirituais e ele quis conhecê-lo. Dei o telefone e ele ligou. Foi assim que meu pai conheceu a Obra."[221]

A partir de então José Geraldo iniciou uma relação intensa e extremamente fecunda com o Opus Dei, chegando a se tornar o primeiro membro brasileiro a ingressar na instituição.[222] Como bem coloca Aneliese, a Obra respondia e, de certa forma, atendia à suas inquietações espirituais.

"Ele ficou muito feliz... Acho que ele então encontrou o que estava procurando: um caminho firme, sério, mas ao mesmo tempo simples, próprio para uma pessoa assim como ele; uma pessoa do mundo, um profissional, mas um profissional muito exigente e responsável, que procurava levar tudo com muita seriedade... Ele encontrou o que estava procurando do ponto de vista espiritual, religioso, por isso acolheu a Obra com muita alegria..."[223]

---

[221] Entrevista com Aneliese Alckmin Herrmann, ibid.
[222] Cf. Entrevista com Emérico da Gama, realizada em São Paulo, a 06/03/2003; e também Depoimento de José Maria Córdoba. Foram dos primeiros membros do Opus Dei a virem para o Brasil, tendo conhecido José Geraldo Alckmin.
[223] Entrevista com Aneliese Alckmin Herrmann, ibid.

De fato, a partir de então José Geraldo passou a encarar sua vida espiritual com a mesma seriedade com que se dedicava à sua vida profissional ou familiar. Indo mais fundo, pode-se afirmar que, mais do que uma dimensão importante na sua vida, a religião, a espiritualidade, passou a ser, desde o seu ingresso no Opus Dei, o *eixo* fundamental de toda a sua vida.

> *"Ele dava muita importância para isso – comenta José Eduardo Alckmin, a respeito dessa dimensão espiritual e apostólica de sua vida. Posso dizer, inclusive, que isso para ele era o mais importante, era o número um na sua vida..."*[224]

A revelação, tão óbvia e tão surpreendente ao mesmo tempo, de que Deus o queria santo "no meio do mundo, na vida de família, no trabalho, na participação em todas as atividades humanas legítimas"[225], era algo que correspondia às suas inquietações justamente porque se coadunava perfeitamente com a sua maneira de ser e pensar: alguém que, sem deixar de estar imerso no meio do mundo, ansiava por viver imerso em Deus. A possibilidade de realizar esse ideal, sem deixar de ser o que era, esposo, pai, juiz, professor, cidadão do mundo, "na mais natural normalidade"[226], encheu-o de alegria e deu sentido pleno à sua vida.

---

[224] Entrevista com José Eduardo Alckmin, ibid.
[225] ALCKMIN, José Geraldo Rodrigues de, "Opus Dei, 50 anos" in *Jornal do Brasil*, 02/10/1978, Caderno B.
[226] Idem.

José Geraldo foi cristão da mesma maneira como foi marido, pai, amigo, juiz, professor: com seriedade, rigor, exigência, mas também com humor, picardia, irreverência. Seu cristianismo era "de dentro para fora, não de água benta", como bem pontuava um ex-colega num discurso proferido em homenagem à sua nomeação para o Supremo Tribunal Federal, em 1972.[227] Seu cristianismo não se limitava a certas práticas e ritos, nem tampouco se restringia às paredes da igreja e da sacristia, era antes uma realidade, uma experiência vital que informava toda a sua vida.

Desde seu primeiro contato com o Opus Dei e, mais ainda, depois da sua entrada na Obra, José Geraldo passou a incorporar uma série de hábitos que, muito discretamente, iam pontuando seu cotidiano. Dentre eles, além da missa diária, estava o de dedicar um pequeno espaço de tempo para "uma conversa pessoal com Deus".[228] Antes de se lançar às tarefas do dia, José Geraldo, aproveitando a tranqüilidade da manhã, encetava um diálogo íntimo e profundo com "Ele", onde colocava suas preocupações, inquietações e buscava luzes e forças para solucionar seus problemas e realizar suas tarefas. Tudo, toda a sua vida começou a passar pelo "crivo da oração".[229] Mas tudo isso de uma forma muito própria, muito caracteristicamente sua: com simplicidade, com discrição. Como bem

---

[227] MANSO, Young da Costa, *Revista dos Tribunais* 365, p. 554.
[228] ALCKMIN, José Geraldo R. de, *Anotações para aulas, círculos, palestras de temas de doutrina e espiritualidade*. AJGRA, pasta 15.
[229] Idem.

comentava um ex-colega do Tribunal de Justiça: era "bem-humorado, mesmo no trato das coisas d'alma".

E como conseqüência dessa "superabundância de vida interior", José Geraldo passou também a desempenhar uma exuberante atividade apostólica. Reconhecendo a sua fé e sua vida de relação com Deus como fonte de felicidade e maior dom da sua existência, José Geraldo sentia-se "compelido a compartilhar" essa alegria, esse dom, com todos os que se aproximavam dele. A partir de então, com muita naturalidade e simplicidade, mas também com muito respeito e bom senso, aproveitava os momentos de recreio, descontração e intimidade com os filhos, amigos, colegas, para pontuar temas de religiosidade e vida interior, incitando o interlocutor à reflexão, à ponderação dessa dimensão da existência humana.

São inúmeros os testemunhos e depoimentos daqueles que, em algum momento, se viram interpelados por José Geraldo Alckmin a respeito desses temas. Muitos confessam que tais abordagens foram detonadores de processos de conversão ou de reconsideração de uma vida religiosa um tanto relaxada; outros ponderam simplesmente que tal postura era algo interessante e admirável. Nenhum, entretanto – mesmo entre aqueles que se consideravam ateus ou agnósticos –, apontou sentir-se constrangido ou incomodado pelas investidas apostólicas do *velho* Alckmin. Também aqui predominava o caráter discreto, amável, benfazejo. Como bem pontua seu sobrinho Geraldo Alckmin,

> *"O tio Zeca era uma pessoa muito religiosa e muito dis-*

creta; um homem generoso, ajudava a Deus e o mundo, a cidade, os políticos com discrição. Fazia um verdadeiro apostolado, mas sem constranger ninguém."[230]

E José Eduardo, seu filho lembra:

"(...) ele era muito dedicado às atividades de apostolado... Com muita habilidade, tentava aproximar seus colegas de trabalho de práticas religiosas. Havia um em especial que era muito avesso às coisas da Igreja. Um domingo, meu pai disse que ia caminhando de casa à Igreja, para assistir a missa de hábito. O resto da família seguiu de carro. De repente, surge ele lá acompanhado do colega meio ateu e percebia-se que a partir daquele dia ele começou a se entusiasmar com a idéia e começou a ver com outros olhos os assuntos de religião. Outro com quem meu pai tinha muita amizade e conversava sobre temas filosóficos e religiosos era o ministro Leitão de Abreu. Outro dia, conversando com uma das filhas dele, a Corina, ela me contou que certa vez o pai dela chegou a comentar: 'este Alckmin tem um quê de santo...' Ele, realmente, não perdia a oportunidade de falar dessas coisas com seus colegas de Tribunal, convidando também para os recolhimentos etc..."[231]

Além das conversas, conselhos e troca de idéias, José Geraldo costumava convidar seus amigos e colegas para as ati-

---

[230] Entrevista com o governador Geraldo Alckmin, ibid.
[231] Entrevista com Maria Lúcia Alckmin, ibid.

vidades de formação que eram promovidas pelo Opus Dei, tais como retiros, recolhimentos e palestras. Logo, ele mesmo tornou-se encarregado de organizar e proferir palestras, que se realizavam em sua própria casa.

> *"Houve uma época que ele começou a dar aulas de doutrina lá em casa. Nós já morávamos na Rua Caravelas e lá havia um salão grande em cima da garagem, onde aconteciam aquelas partidas de gamão... Ele convidava então os mesmos amigos, só que ao invés de jogo era aula... de religião, espiritualidade... Isto acontecia uma vez por semana, acho que na quinta à noite..."*[232]

Mais do que as aulas, palestras e conversas, entretanto, o que de fato complementava e tornava eficaz o apostolado de José Geraldo Alckmin era, sem dúvida, o seu exemplo, a sua postura. Homem mais de atitudes do que de palavras, como vimos, Alckmin *convencia* pela sua maneira de ser. Muitos confessam que dele se aproximavam não apenas pela inteligência, simpatia, cordialidade, mas também porque transmitia alegria e paz.

> *"As pessoas se sentiam imensamente bem conversando com ele. E atraía isso: por um lado a serenidade, por outro lado o espírito de brincadeira que ele tinha..."*[233]

---

[232] Entrevista com Maria Lúcia Alckmin, ibid.
[233] Entrevista com Emérico da Gama, ibid.

Através desse apostolado do exemplo e da palavra, José Geraldo desempenhou um papel decisivo no desenvolvimento do Opus Dei em São Paulo. Conta Emérico da Gama:

> *"Naquele tempo todo o juizado freqüentava o recolhimento. Isso mostra duas coisas: por um lado, o prestígio profissional que ele tinha e, por outro, o seu zelo apostólico. Sem dúvida, muitos vinham por questão de agradar, principalmente quando ele foi presidente do Tribunal de Alçada... Mas não que ele se utilizasse disso. Ele convidava e as pessoas, se vinham, vinham por vontade própria, nunca por constrangimento... Ele não coagia absolutamente ninguém. E entre os que naquele tempo ajudavam os começos da Obra, havia uma verdadeira devoção por ele. Coisa de que Deus se serviu para enriquecer sua própria vida espiritual."*[234]

Quando, em 1974, o fundador do Opus Dei veio para uma visita ao Brasil, fez questão de saudá-lo de uma forma especial e disse-lhe que, abraçando a ele, abraçava simbolicamente a todos os seus filhos brasileiros. Segundo relata Emérico da Gama,

> *"Nosso Padre, São Josemaria Escrivá, via nele como que uma pedra fundamental de todo o trabalho da Obra no Brasil, mais concretamente em São Paulo."*[235]

---
[234] Idem.
[235] Idem.

E, de fato, graças a ele muitas pessoas não só se aproximaram dos meios de formação da Obra, como também passaram a contribuir, inclusive economicamente, na promoção de escolas, centros de estudos, casas para atividades culturais e de formação.

Como bem identifica Emérico da Gama, um dos que mais conheceu José Geraldo Alckmin enquanto homem de fé:

"Esse era um homem que levava para Deus. Era um homem em que se sentia o reflexo de Deus."[236]

CORREGEDOR GERAL DA JUSTIÇA

Coerente com as promessas formuladas quando de sua posse como desembargador do Tribunal de Justiça de São Paulo, José Geraldo Rodrigues de Alckmin, ao longo dos oito anos em que ali esteve, desenvolveu um trabalho profícuo e, em muitos casos, pioneiro. Além da atividade judicante inspiradora e exemplar e da preocupação e atuação no âmbito administrativo, foi responsável pelo desencadeamento de iniciativas de impacto na história do Judiciário em São Paulo e no Brasil. Dentre elas, está, por exemplo, o apoio que deu aos projetos que nasciam na área da informática jurídica. Como conta Dínio de Santis Garcia:

"A ele está ligada a criação, através da Resolução nº 1, do

---

[236] Idem.

Tribunal de Justiça de São Paulo, de um Cartório de Distribuição e Informação, encarregado de manter registro eletrônico das informações nele arquivadas. E a Rodrigues de Alckmin se deve a introdução do computador nos serviços judiciários do Estado, com a portaria que permitiu a distribuição de executivos fiscais relativos à cobrança do ICM, mediante processamento eletrônico."[237]

Sua maior realização, entretanto, enquanto desembargador do TJ de São Paulo, foi sem dúvida, a desempenhada enquanto ocupou a presidência da Corregedoria Geral da Justiça do Estado.

Respaldado apenas pelo seu prestígio e pela confiança que inspirava nos seus colegas de Tribunal, José Geraldo, cinco anos depois de haver sido nomeado desembargador, era eleito, em 1969, juntamente com Cantidiano Garcia de Almeida como presidente do Tribunal, corregedor geral da Justiça, para o biênio 1970/1971.

Novamente aqui, diante de mais um desafio, José Geraldo respondeu com o mesmo espírito de desvelo, competência e arrojo que já havia marcado a sua passagem por outros cargos e posições da carreira. Segundo José Haroldo de Oliveira e Costa, que foi juiz auxiliar da corregedoria nessa época,

"Sua passagem pela corregedoria foi marcante. Estávamos

---

[237] GARCIA, Dínio de S., *Introdução à Informática Jurídica*. TJSP, São Paulo, 1976, p. 127.

numa época difícil e ele tinha de consolidar uma administração anterior também muito boa, mas muito polêmica, que era a do dr. Hildebrando Dantas de Freitas. Ele participava ativamente de tudo que dizia respeito às inovações administrativas, de reforma de competências, de redistribuição de cartórios de registro de imóveis, de registro civil... E teve também de regularizar uma série de problemas complexos que então havia... E ele o fazia de modo admirável. Dr. Alckmin era uma pessoa muito justa, ele reconhecia quem trabalhava bem e dava a punição adequada, sem estardalhaço, a quem merecesse, ou a quem não se enquadrasse naquelas orientações que ele dava. Ele era muito firme nesse aspecto."[238]

Sua passagem pela Corregedoria tornar-se-ia célebre, entretanto, pelo papel que desempenhou nas investigações e ações que resultaram no desmantelamento do famoso "Esquadrão da Morte".

Tema dos mais tristes e funestos no âmbito de nossa história recente, o episódio do Esquadrão da Morte enfeixa características atávicas de nossa cultura: a arbitrariedade e a impunidade, dentro de um contexto político e ideológico *propício*, como era o da ditadura militar. Destrinchado por uma literatura séria e abrangente[239], o caso do Esquadrão hoje é bem co-

---
[238] Entrevista com José Haroldo de Oliveira e Costa, ibid.
[239] Cf. as obras de Hélio Bicudo e do jornalista Percival de Souza sobre o assunto.

nhecido: homens da força policial do Estado, liderados pelo então delegado do Departamento de Ordem Política e Social, o DOPS, Sérgio Fleury — famoso pelas suas façanhas contra "o mundo do vício" e os guerrilheiros subversivos —, perseguiam, prendiam e executavam sumariamente, sem participação alguma da Justiça, "elementos" considerados suspeitos de ações criminosas e subversivas. Atuando, muitas vezes, com a conivência e respaldo de autoridades governamentais, o Esquadrão da Morte, durante o seu tempo de atuação — início da década de 70 —, engendrou mais de duzentos assassinatos, espalhando a "síndrome do medo" e o mal-estar da impunidade entre a população de São Paulo. Sentindo-se particularmente lesado e desafiado, o Poder Judiciário do Estado, apoiado pela Procuradoria Geral, desencadeou uma verdadeira guerra contra "essa afronta" à Justiça e ao estado de direito no país, já tão prejudicados.

Como conta Hélio Bicudo, que então era procurador da Justiça do Estado e uma das figuras centrais nesse episódio:

> *"Eu solicitei ao procurador geral da Justiça que tomasse providências a respeito do que estava ocorrendo e o Tribunal de Justiça, paralelamente, também adotou providências no mesmo sentido, através de uma decisão do seu presidente, que era o Cantidiano Garcia de Almeida. Nessa ocasião o Alckmin era corregedor geral da Justiça."*[240]

---

[240] Entrevista com o vice-prefeito de São Paulo, Hélio Bicudo, realizada no Palácio das Indústrias, São Paulo, a 15/04/2003.

Tendo iniciado, em julho de 1970, os trabalhos de investigação a partir das "sindicâncias que tramitavam, desordenadamente, na Vara da Corregedoria da Polícia Judiciária"[241], Hélio Bicudo passou a contar, em meio a uma infinidade de dificuldades e empecilhos colocados pelas autoridades policiais e governamentais, com o apoio do corregedor geral da Justiça.

"Durante todo esse período das investigações sobre o Esquadrão da Morte contei com a ajuda do Alckmin. E, assim, passamos a ter uma convivência mais ou menos regular, porque quando eu tinha um problema, principalmente em relação às autoridades, eu corria ao Alckmin, que tinha muito mais experiência do que eu, para me aconselhar com ele... E ele ia então me dizendo como devia proceder. Isso me foi de grande ajuda nas investigações. Ele estava inteiramente convencido da necessidade de se apurarem os fatos..."[242]

De comum acordo com Cantidiano Garcia de Almeida, José Geraldo encarou essa missão como uma "questão de honra" do Poder Judiciário, convencido da urgência de se levar as investigações até as últimas conseqüências, mesmo sabendo dos atritos que isso acarretaria com personagens importantes

---

[241] Hélio Pereira Bicudo, *Relatório das atividades desenvolvidas pelo Procurador Hélio Bicudo em relação às investigações sobre o Esquadrão da Morte, encaminhadas ao Procurador Geral da Justiça do Estado, Dr. Oscar Xavier de Freitas*. São Paulo, 1º de setembro de 1971, p. 1. Cópia AJGRA, pasta 23.
[242] Entrevista com Hélio Bicudo, ibid.

do governo e das ameaças de que possivelmente poderia ser vítima por parte de elementos da própria polícia.

Planejando sua ação com inteligência de estrategista, José Geraldo articulou sua equipe de juízes auxiliares, convidando magistrados oriundos da força pública. Assim, por exemplo, para assumir a Vara de Execuções Penais da Polícia Judiciária, convidou o juiz Nelson Fonseca, na época titular de Itaquera, que havia sido da Polícia Militar e trabalhado no DOPS.

> *"Eu estava lá em Itaquera e o dr. Alckmin soube meu currículo: que eu tinha sido da Polícia Militar, da Força Pública, tinha trabalhado no DOPS etc. Então, ele sabendo que eu tinha uma certa experiência nesse setor e conhecimentos, ele entendeu que eu seria o homem ideal para enfrentar aquele pessoal e me chamou. Eu me lembro que quando nos encontramos pela primeira vez ele falou: 'Nós temos que acabar com isso, eles não vão nos desmoralizar...'"*[243]

Da mesma forma, outro juiz que lhe auxiliou nesta época, Paulo Restiffe Neto, conta:

> *"Quando dr. Alckmin assumiu a corregedoria eu já era juiz em São Paulo e eu me recordo que ele me chamou e falou: 'Paulo, o Esquadrão da Morte não pode continuar.*

---

[243] Entrevista com Nelson Fonseca, realizada em São Paulo, a 23/05/2003.

> *Isso fere todos os princípios e a Justiça... E para combater os bandidos da polícia, só mesmo juiz que já tenha sido polícia. Pois então eu estou lhe chamando aqui porque eu vou lhe mandar para a Vara das Execuções Criminais e Corregedoria da Polícia. Você vai para preparar o caminho, como São João Batista, e vai assumir como remoção... E seu colega, o Dr. Nelson Fonseca, que é mais antigo de farda, vai, dentro de um mês, assumir como titular. Ele nem sabe ainda, mas você vá na frente, vê como é que estão as coisas lá, vai me repassando e depois, com o Nelson Fonseca, vocês vão acabar, se Deus quiser, com o esquadrão da morte.' De fato, acabamos mesmo, o Fleury foi condenado e toda a polícia foi investigada."*[244]

Antes que tudo acabasse, entretanto, não foram fáceis os momentos por que todos passaram. Poucos meses depois de iniciadas as investigações, foi criada uma Comissão Estadual de Investigações, que logo em seguida foi extinta. Hélio Bicudo foi também afastado do caso e passou a sofrer perseguições e ameaças.

> *"Não fosse a atitude do Cantidiano e do Alckmin – relata Bicudo –, a Procuradoria não iria prosseguir da maneira como prosseguiu."*[245]

Nelson Fonseca, Álvaro Lazzarini e Paulo Restiffe tam-

---
[244] Entrevista com Paulo Restiffe Neto, realizada em São Paulo, a 27/02/2003.
[245] Entrevista com Hélio Bicudo, ibid.

bém receberam ameaças e alguns tiveram de recorrer à proteção policial. O próprio José Geraldo Alckmin era visto como alguém visado. José Augusto Alckmin, o filho caçula, lembra:

> *"Na época do Esquadrão da Morte o clima era pesadíssimo. Ele era corregedor e eu estudava na mesma escola do filho do Fleury... Sei lá o que se passa na cabeça de um pai numa hora dessas... Eu tinha onze ou doze anos e estudava com ele. Estudávamos no Pasteur... Mas nós nunca tivemos proteção de ninguém. Meu pai nunca quis, apesar da preocupação, que não devia ser pouca... Eu lembro que nessa época começamos a ouvir uns ruídos estranhos no quintal de casa. Certo dia, a porta do quarto de empregada apareceu toda marcada, como que se alguém tivesse atirado um pedaço de tijolo... A única providência tomada, entretanto, foi subir mais o muro de trás e colocar cacos de vidro em cima... Se ele fosse se preocupar com isso não podia ser juiz, como é que ele iria julgar, submetido a pressão? Ele deve ter sofrido muito internamente, mas não deixava ninguém saber de nada, não deixava transparecer seus sentimentos..."*[246]

Com a liderança do corregedor geral da Justiça, as investigações, entretanto, seguiram e, meses mais tarde, Sérgio Fleury e seus comparsas foram acusados judicialmente. O Esquadrão da Morte foi desmantelado e vários de seus compo-

---
[246] Entrevista com José Augusto Alckmin, realizada em São Paulo, a 27/12/2002.

nentes, presos. Antes, porém, de ser julgado, Sérgio Fleury veio a falecer num acidente de pescaria em Ilhabela e, como informa o dr. Hélio Bicudo, o caso até hoje não foi totalmente resolvido. José Geraldo Alckmin, entretanto, já tinha cumprido o seu papel. Tendo deixado a Corregedoria em 1971, seria muito em breve chamado a desempenhar novas funções, em instâncias de maior impacto na vida nacional.

5

Ministro do STF e Presidente do STE

MINISTRO DO SUPREMO TRIBUNAL FEDERAL

A atuação de José Geraldo Alckmin na Corregedoria Geral da Justiça de São Paulo coincidiu com um dos momentos mais críticos do regime militar no Brasil. Corresponde à fase da "ditadura escancarada", como bem definiu Elio Gaspari em trabalho recente[247], período de maior endurecimento político e também de maior atropelamento do estado de direito no país.

Não foi possível ainda saber como a postura e a ação do corregedor geral de São Paulo frente ao tema do "Esquadrão da Morte" repercutiu nos altos escalões de Brasília.[248] A

---

[247] Cf. GASPARI, Elio, *A Ditadura Escancarada*. São Paulo, Cia. das Letras, 2003.
[248] Sem dúvida isso pressuporia uma investigação minuciosa nos arquivos do Poder Executivo da época, trabalho que não nos foi possível realizar.

historiografia recente, entretanto, vem trazendo à luz informações que reforçam e confirmam aquilo que na época já se sabia: a falta de unidade e coerência entre os membros mais graduados do governo militar, alinhados em pelo menos duas grandes correntes: a ala "dura", dos militares de "carreira", como Costa e Silva e Médici, e a mais "democrática", dos militares de perfil mais "acadêmico", como Castelo Branco e Geisel. Não devemos, no entanto, pensar, que tal classificação seja de todo aplicável, pois, se assim fosse, não se explicaria como um presidente identificado com a linha "dura" acabaria indicando um dos perseguidores do Esquadrão da Morte para o Supremo Tribunal Federal.

De fato, os caminhos da política são tortuosos, principalmente em épocas turbulentas como a do regime militar. O governo de Emílio Garrastazu Médici ficou conhecido como o mais truculento e arbitrário da ditadura; entretanto, foi nele que o homem que ajudou a desmantelar uma das excrescências típicas de um regime de exceção seria nomeado para fazer parte do mais alto tribunal do país. É óbvio que contam aí inúmeros fatores: os dividendos políticos que se pretendiam tirar dessa escolha; a pressão exercida por várias instâncias em diversos níveis; o reconhecimento e, por que não, até o bom senso, que, às vezes, costuma estar presente nas circunstâncias mais desastrosas. De qualquer forma, seja por qual conjunção de fatores, tal como havia ocorrido oito anos antes, quando, "contra toda a esperança", José Geraldo foi nomeado desembargador do TJ de São Paulo, agora também, de forma um tanto inesperada, o desembargador era indicado para o Supremo Tribunal

Federal, instância máxima do Poder Judiciário nacional.

A acompanhar pelos jornais, a notícia da indicação começou a circular em agosto de 1972, poucos meses depois de José Geraldo ter deixado a Corregedoria. Com a aposentadoria, por idade, do ministro Moacyr Amaral dos Santos, vagando uma cadeira que tradicionalmente vinha sendo ocupada por paulistas, o nome de Alckmin apresentou-se prontamente como o mais indicado. Em meados de setembro daquele ano, o general Médici, aquiescendo "ao clamor geral", enviava mensagem ao Senado Federal, indicando oficialmente o desembargador para o cargo.[249] O Senado, por sua vez, no dia 27 de setembro, em sessão extraordinária, aprovou a indicação. Finalmente, no dia 03 de outubro de 1972, o presidente da República nomeava José Geraldo Rodrigues de Alckmin ministro do Supremo Tribunal Federal. A posse se realizou no dia 11 do mesmo mês.

A nomeação de José Geraldo repercutiu de forma muito positiva não só no âmbito jurídico, como também na esfera política. E isso tanto na "direita" como na "esquerda". Henrique Turner, deputado federal pela Arena de São Paulo, "dizendo interpretar o pensamento de toda a bancada paulista, elogiou a indicação, acrescentando que o STF iria ganhar 'um ministro comparável às melhores figuras que passaram por lá'."[250] Manifestações semelhantes foram feitas por figuras como Ulysses Guimarães e Carvalho Pinto.

---

[249] Cf. "Alckmin indicado para o Supremo" in *Folha de S.Paulo*, 26/09/1972.
[250] "Supremo tem novo ministro" in *O Estado de S.Paulo*, 28/09/1972.

José Geraldo, como sempre, recebeu a notícia com a simplicidade que lhe era peculiar. Conta Bruno Afonso André, colega do Tribunal de Justiça, que Alckmin lhe comentou na ocasião: "A indicação para o Supremo não se pode cavar, mas também não se deve recusar".[251] Encarou-a não como uma conquista ou uma glória, mas como um reconhecimento do seu trabalho e da sua dedicação à justiça e, principalmente, como mais um desafio em sua vida. Mais um entre tantos.

Na cerimônia de posse, depois dos atos oficiais, quando foi recebido e saudado pelo presidente do STF, em discurso de agradecimento aos colegas, parentes e dezenas de personalidades que haviam acorrido ao evento, José Geraldo Alckmin ponderou:

> *"Se mais de três decênios de estudo e aplicação do Direito pudessem imaginar compensação plena e insuperável; se o longo caminho percorrido na magistratura de meu estado natal devesse ter o mais elevado término; ainda assim, sequer idealizaria a riqueza emocional deste momento; momento em que, honrado pela designação do Excelentíssimo Senhor Presidente da República e pela ratificação do Colendo Senado Federal, acabo de tomar o compromisso de servir à Justiça no mais alto Tribunal do meu País."*[252]

---

[251] Entrevista com Bruno Afonso André, ibid.
[252] "Alckmin promete trabalho e devoção ao STF" in *Correio Braziliense*, 12/10/1972.

E, depois de agradecer a presença e apoio das autoridades governamentais e jurídicas, políticos, amigos e parentes, colocava:

> *"Da profunda introspecção com que procuro descobrir quais as razões que sensibilizaram e me fizeram largamente beneficiário de vossa bondade, nada colho senão dois pequenos méritos.*
>
> *Levado à magistratura paulista, atendendo o apelo irresistível em que se consolidou a minha vocação, a ela dediquei o profundo respeito às funções e a devoção ao trabalho que sói exigir aos seus juízes.*
>
> *Acabei por compreender, como o velho Ranson, que é o quotidiano que forma, pouco a pouco, a alma do juiz. É no contato das realidades profissionais que o magistrado aprende a vencer as tendências do temperamento, para que as decisões não pequem pela falta de serenidade; que o ânimo se enrijece, salvaguardando-lhe a independência, para que haja imparcialidade nos julgamentos; que o magistrado aprende e examina os vários matizes da realidade social, que não cabe, totalmente estruturada, nas leis.*
>
> *Procurei, sempre, viver essas lições do quotidiano, e amar o trabalho porque, na frase de Soler, o trabalho que se faz sem amor tem todos os caracteres de uma vil escravidão. É esse respeito, é esse amor pelas funções do Poder Judiciário que renovam o ânimo com que, já na altura da vida em que os marcos do caminho projetam sombras no poente,*

inicio a derradeira caminhada."²⁵³

É, pois, com o mesmo realismo, com a mesma simplicidade e clareza que José Geraldo Rodrigues de Alckmin inicia verdadeiramente a sua "derradeira caminhada". E, mais uma vez, como sempre, o que lhe esperava eram novos e maiores desafios e mais trabalho, muito trabalho.

Tendo-se mudado para Brasília com D. Anita e os dois filhos mais novos, instalou-se no apartamento oficial, na ala residencial da cidade. Logo já se via, entretanto, que pouco tempo teria para o convívio familiar. Como bem apontava um artigo do jornal *O Estado de S.Paulo* publicado no dia da sua posse, o novo ministro do Supremo Tribunal Federal encontraria "em sua mesa de trabalho cerca de 300 processos para estudar."²⁵⁴ Obviamente, isso não era nenhuma surpresa ou novidade para o experimentado juiz, porém a única coisa que efetivamente lamentava era ter de deixar suas atividades docentes, as quais vinha exercendo ininterruptamente havia quase vinte anos.

Desde os anos 60 Alckmin vinha dando aulas em várias faculdades de direito, principalmente na da Universidade Mackenzie e na de São Bernardo do Campo, da qual tinha sido um dos fundadores. Para ele, a atividade docente apresentava-se como algo constitutivo de seu ser e da sua atuação como magistrado; um complemento e ao mesmo tempo uma fonte de aprendizado, de inspiração.

---
²⁵³ Idem.
²⁵⁴ "300 casos aguardam Alckmin" in *O Estado de S.Paulo*, 11/10/1972.

Em realidade, José Geraldo formou-se professor antes mesmo de ser bacharel em direito e enquanto foi estudante em São Paulo exerceu a profissão de forma voluntária num instituto mantido pelos vicentinos.[255] Poder-se-ia dizer que a vocação de professor antecede e prepara a vocação de juiz.

Assim que teve oportunidade, José Geraldo conciliou essas duas vocações: primeiro, como professor de direito civil na Faculdade de Taubaté e, depois, já radicado em São Paulo, na prestigiosa e tradicional Faculdade de Direito da Universidade Mackenzie. Além de contribuir para a receita familiar, sempre muito estreita, o magistério superior atendia outras necessidades mais espirituais do dedicado juiz: o estudo, a exposição clara e didática das idéias e o contato com a juventude.

> *"De par com as atividades da magistratura, Alckmin sempre se viu atraído pelo magistério superior. Encantava-o o contato com os moços, cujas manifestações, mesmo de rebeldia, sempre compreendeu. E era particularmente grata a cátedra de Processo Civil da Faculdade de Direito de S. Bernardo do Campo."[256]*

---

[255] Cf. Capítulo anterior, tópico "Um homem de fé".
[256] ALIENDE, Aniceto. Palavras proferidas pelo Ex. Sr. Juiz na Sessão Plenária do Segundo Tribunal de Alçada Civil de São Paulo, no dia 9 de novembro de 1978. Anexo do Of. Gs. Nos. 172/78 de 27/11/78 de Agripino Vieira de Souza para o Min. Thompson Flores, presidente do STF. AJGRA, pasta 3 A. A Faculdade de Direito de São Bernardo do Campo foi criada por iniciativa de Paulo Teixeira de Camargo, que, idealizando um curso de excelência, convidou dezenas de magistrados e figuras de primeira linha da cultura jurídica da São Paulo. José Geraldo foi um dos colaboradores e entusiastas dessa iniciativa. Cf. Entrevista com Darcílio Rangel, realizada em São Paulo, a 15/10/2002.

Segundo Dinio de Santis Garcia – também colega de magistério em São Bernardo –, José Geraldo Alckmin "era um professor nato, tal a habilidade com que reduzia a elementos simples os mais complexos problemas jurídicos."

Na verdade, o mestre apenas mudava de cenário, pois os seus votos, proferidos com grande simplicidade, já eram verdadeiras lições, como tais havidas mesmo pelos que dele divergiam.

Nunca subia à cátedra sem antes ter preparado cuidadosamente o tema a ser exposto. E para não ser tentado a reaproveitar, nos anos subseqüentes, as notas escritas, inutilizava-as depois das aulas.

> *"Estimadíssimo pelos alunos, era ele a fonte a que sempre recorriam para a solução dos problemas do curso, ou das questões práticas que começavam a abordar em seus pequenos escritórios."*[257]

Mais do que ele, foram seus alunos que lamentaram seu desligamento da docência. Entretanto, da cátedra do Supremo Tribunal, José Geraldo continuaria, implicitamente, ensinando, pois o professor prosseguia atuando através do ministro.

A chegada de Rodrigues de Alckmin ao Supremo Tribunal Federal vinha precedida de sua fama. "Fama de magistrado notável que, em São Paulo, ao longo dos anos conquistara por

---
[257] GARCIA, Dinio de Santis, Op. cit., p. 31-2.

suas raras qualidades de inteligência, cultura, honradez e trabalho."²⁵⁸ E, desde logo, "impôs-se à admiração de seus colegas."²⁵⁹ Muito rapidamente, suas manifestações, seus votos, em diversas questões, passaram a ter valor de referência, servindo de "voto condutor". Henrique Fonseca de Araújo, que foi representante do Ministério Público no STF e depois procurador-geral da República, confessava:

> *"Inspirava-nos tal confiança ao julgar (...) que aguardava com ansiedade seu voto, principalmente naqueles casos em que o velho representante do Ministério Público ainda se deixou levar pela paixão do jovem Promotor de outrora. O voto do eminente Min. Rodrigues Alckmin era para mim decisivo. Se em contrário à nossa tese, apaziguava desde logo nossa consciência. Não que sempre nos convencesse, mas porque nos deixava a certeza do que tinha que ser assim."²⁶⁰*

Uma testemunha acima de qualquer suspeita, o Sr. Barros, motorista do Min. Alckmin naqueles tempos, aponta, à sua maneira, em comentário a José Augusto, filho caçula de José Geraldo, essa verdadeira ascendência que ele exercia sobre seus colegas de tribunal: "Seu pai pedia a palavra e todo

---

²⁵⁸ Ministro Moreira Alves. Palavras proferidas na 33ª Sessão Ordinária do STF realizada em 06 de dezembro de 1978: Homenagem Póstuma ao Sr. Ministro Rodrigues de Alckmin, in *Revista Forense,* Vol. 264, p. 463.
²⁵⁹ Idem.
²⁶⁰ Prof. Henrique Fonseca de Araújo. Palavras proferidas na 33ª Sessão Ordinária do STF realizada em 06 de dezembro de 1978: Homenagem Póstuma ao Sr. Ministro Rodrigues de Alckmin, in Ibid, p. 465.

mundo parava de falar na hora..."

"O Barros – explica José Augusto – depois de estacionar o carro ou fazer algo que meu pai lhe pedia, costumava ir ao plenário, assistir às sessões do Tribunal. E ele ficava impressionado com o prestígio que meu pai tinha diante dos colegas. Ele também tinha uma admiração profunda pelo meu pai."[261]

Moreira Alves, contemporâneo de José Geraldo no STF e amigo de longa data, assim explica o porquê dessa "doce supremacia" do Min. Alckmin:

"Inteligência lúcida e lógica, aliada a sólidos conhecimentos dos diferentes ramos do Direito e a ampla cultura humanística, possuía Rodrigues de Alckmin os dois atributos que distinguem o verdadeiro jurista: a capacidade de discernir, ainda nas questões mais intrincadas, os acidentes e o essencial, no ordenamento jurídico, a norma adequada à justa composição da lide.
Consciente de seu valor, tinha o senso exato de medida. Não se deixava fascinar pelo aparato das exterioridades. Erudito, se necessário – leiam-se, a título de exemplo, os votos que proferiu sobre a natureza jurídica dos emolumentos recebidos pelos tabeliães e sobre a disciplina, no Direito brasileiro, dos requisitos das escrituras públicas –, somente se utilizava de seu largo saber doutrinário

---

[261] Entrevista com José Augusto Alckmin, ibid.

quando se lhe afigurava indispensável para fluir, sem maior esforço, das premissas à conclusão. Repugnavam-no as citações vazias de finalidade, recurso fácil para aparentar ciência própria com a ciência alheia. As mais das vezes, com impressionante rigor dialético, em tom que traía o professor que trazia recôndito no fundo de seu ser, limitava-se a equacionar singelamente o problema, solucionando-o em face da lei. Atraía-o a beleza da simplicidade."[262]

Simplicidade, singeleza, aliadas ao rigor, ao conhecimento e a uma visão ampla e humanista dos problemas, das leis, do homem... Ora, de fato, tudo isso são características pouco comuns – infelizmente cada vez menos – em nosso universo jurídico. E, mesmo num círculo tão seleto como o de um Supremo Tribunal Federal, todas essas qualidades reunidas num homem honesto, simples e trabalhador, acabavam por sobressair e arrastar.

É certo, pondera ainda Moreira Alves, que muitos o consideravam um técnico, voltado primordialmente para a correta aplicação das normas jurídicas, sem se preocupar com formulações construtivas. "Nada mais falso", responde o próprio ex-colega.

"Se é certo que não tinha ele a vaidade de ser original – o que aliás, é apanágio, nem sempre recomendável, dos tem-

---
[262] Moreira Alves. Palavras proferidas na 33ª Sessão Ordinária do STF realizada em 06 de dezembro de 1978: Homenagem Póstuma ao Sr. Ministro Rodrigues de Alckmin, in Op. cit., p. 463.

pos hodiernos –, também é certo que, sem se reputar censor da lei, para desaplicá-la, jamais se deixou escravizar por sua literalidade, para segui-la cegamente, desatento das nuances da realidade que o mais aplicado e previdente dos legisladores não é capaz de captar nas fórmulas legais.[263] *Não foi por amor a efeito retórico que, no discurso por ocasião de sua posse, acentuou que é no contato das realidades profissionais que o magistrado apreende e examina os vários matizes da realidade social, que não cabe, totalmente estruturada, nas leis."*[264]

Tal postura e maneira de julgar ficaram demonstradas, segundo Moreira Alves, na "admirável contribuição que deu ao Direito vivo da atualidade" a partir de sua atuação de seis anos na Suprema Corte. E, dentre os exemplos levantados, cita o já mencionado tema da correção monetária nas indenizações por danos materiais decorrentes de ato ilícito absoluto; tese que vinha defendendo há tempos e que agora, no Supremo, pôde tornar finalmente vitoriosa.[265]

Ainda dentro desse período no STF, outra "admirável contribuição" dada pelo Min. Alckmin – esta no terreno do Direito Público – foi a de haver revelado, "com argumentação cerrada e convincente", o real alcance do art. 42, VII, da Consti-

---

[263] Sobre o posicionamento de José Geraldo Alckmin a respeito da postura do juiz diante da Lei, do Direito e da Justiça, remeto o leitor ao capítulo 3, tópico "Juiz de Direito", onde já abordamos essa questão.
[264] Moreira Alves, ibid.
[265] Cf. Capítulo 3, tópico "Juiz de Direito".

tuição Federal de 1967, que outorgava ao Senado competência para suspender a eficácia da lei ou de decretos declarados inconstitucionais pelo Supremo Tribunal.

> *"Evidenciou Rodrigues de Alckmin – comenta Moreira Alves – que essa prerrogativa, concedida anteriormente à admissão, em nosso Direito Constitucional, da ação direta de declaração de inconstitucionalidade, só se aplicava aos acórdãos que,* incidenter tantum, *declarassem inconstitucional uma norma jurídica, e não aos que fossem prolatados naquela ação direta, uma vez que, neste caso, se impunha, pela própria natureza da decisão judicial, que a esta se atribuísse eficácia* erga omnes, *sob pena de, se dependente da atuação de outro órgão, se constituir em mera opinião, ou, na melhor das hipóteses, em simples parecer qualificado. O mesmo não ocorria nas declarações incidentes de inconstitucionalidade, porquanto, nestas, a sentença se impunha às partes, exaurindo-se, aí, a prestação jurisdicional e se tornando problema de conveniência política o estendê-la, ou não, a todos, com a suspensão da vigência da lei ou do decreto impugnados."*[266]

Se, por um lado, não tinha José Geraldo Alckmin, por formação e convicção, "a frieza excessiva do tecnicismo míope", por outro, não se deixava levar "pela suficiência arrojada dos adeptos da criação livre do Direito".

---

[266] Moreira Alves, ibid.

> "Desconfiava, por temperamento – e o dizia com a ironia céptica que o singularizava –, da superioridade de seu critério pessoal de justiça sobre o de que se valerá, impessoalmente, o legislador. Daí – conclui Moreira Alves – terem sido suas construções elaboradas com a revelação de elementos ínsitos no próprio ordenamento jurídico, e não levantadas no terreno movediço das concepções pessoais."[267]

Pensador do direito, da política; sociólogo, antropólogo, filósofo. Sem dúvida José Geraldo Rodrigues de Alckmin desponta como uma das grandes cabeças pensantes de nosso país – ainda mal conhecida. Entretanto, por outro lado, nunca confundiu atividade reflexiva com atividade judicante, sabendo reconhecer os limites e a propriedade específica de sua atuação profissional como juiz à luz da lei. E essa noção extremamente clara, lúcida e madura de sua posição e papel profissional, conjugada com todas as outras características que vimos pontuando – rigor, inteligência, conhecimento técnico e humanístico – é, sem dúvida, o que contribuiu para fazer de José Geraldo Alckmin uma das figuras mais importantes da história da judicatura nacional e referência para o nosso tempo – em que certas noções parecem ter "saído de moda".

A REFORMA DO JUDICIÁRIO

Como se não bastasse o volume descomunal de trabalho exigido pelos processos a serem apreciados e julgados na Cor-

---

[267] Moreira Alves, ibid.

te, José Geraldo, pouco mais de um ano depois de seu ingresso no Supremo, envolveu-se em uma nova e quimérica empreitada, que, mais do que as anteriores, lhe custaria muito esforço, trabalho e contribuiria para minar a já não tão sólida saúde.

Em abril de 1974, logo no início de seu mandado, o presidente general Ernesto Geisel, realizou uma visita de cortesia ao Supremo Tribunal Federal.[268] Na ocasião, em conversa com o então presidente do STF, Eloy da Rocha, ponderou-se "a necessidade e oportunidade de reforma do Poder Judiciário", acordando o presidente Geisel de fazer "o que puder para aprimoramento dos serviços da justiça" e "a conveniência de prévia fixação, pelo Poder Judiciário, do diagnóstico da justiça, mediante o levantamento imediato dos dados e subsídios necessários."[269] Logo em seguida, Eloy da Rocha nomeou uma comissão que se encarregaria de executar o referido "diagnóstico da justiça", assim como de apresentar uma proposta de reforma do terceiro poder. Nessa comissão, como relator, estava presente o Min. José Geraldo Rodrigues de Alckmin.

Novamente aqui, a nomeação de Alckmin não foi pedida, mas tampouco podia ser preterida. A experiência e autoridade da visão de José Geraldo sobre a questão da Justiça no Brasil eram conhecidas e reconhecidas por muitos dos seus colegas do Supremo. Vimos, anteriormente, como, desde a época em que exercia o cargo de juiz, José Geraldo explicitava

---

[268] Cf. FALCÃO, Djacy Alves. "Reforma do Poder Judiciário (Relatório elaborado pelo Supremo Tribunal Federal)" in *Revista Forense*, Vol. 251, p. 7.
[269] Idem, p.8.

interesse e conhecimento dos problemas do Poder Judiciário e como já esboçava idéias amadurecidas e claras sobre a necessidade de reformas. O tema aparece em sua posse no Tribunal de Alçada de São Paulo e é retomado no memorável discurso de ingresso no Tribunal de Justiça. A questão da reforma era algo que lhe era muito caro e naquele momento, numa oportunidade única, apresentava-se de forma premente em suas mãos. Agora, como ministro do Supremo, como relator da comissão do diagnóstico e da reforma do Poder Judiciário, Alckmin poderia afinal levar a cabo um velho sonho e um velho ideal de prestar um grande serviço à Justiça e a toda sociedade brasileira.

Lançou-se ao trabalho com todo o afinco e todo o entusiasmo, mas não de forma imatura, infantil. Sabia bem que não se tratava de simplesmente condensar idéias e explicitar experiências e visões pessoais. Alckmin era consciente do valor de sua experiência, do seu conhecimento amadurecido sobre o assunto, mas, por outro lado, sabia também como devia trabalhar. Como sempre: com rigor, humildade, espírito científico, colaborativo, democrático.

A primeira fase do trabalho consistiu num grande levantamento de dados, estatísticas, informações e sugestões solicitadas às justiças especiais e à justiça comum, bem como às universidades, associações de classe, de magistrados, advogados e outros juristas. Os dados e as opiniões obtidas foram arrolados em relatórios parciais – no total de noventa e quatro volumes –, que mais tarde foram resumidos num relatório geral sintético, entregue em junho de 1975, no qual José Geraldo Alckmin apresentava uma visão resumida dos problemas mais graves do Poder Judiciário e apontava os caminhos que deveriam nortear a proposta de reforma a ser encaminhada ao governo.

Na parte central desse relatório lê-se:

"A pesquisa feita indica, sem que se precise descer a pormenores, que a reforma da justiça, ampla e global, sem prejuízo do sistema peculiar à nossa formação histórica, compreenderá medidas sobre recrutamento de juízes e sua preparação profissional, a estrutura e a competência dos órgãos judiciários, o processo civil e penal (e suscitará, mesmo, modificação de regras de direito material), problemas de administração, meios materiais e pessoais de execução dos serviços auxiliares e administrativos, com aproveitamento de recursos da tecnologia. Avultarão, na reforma, ainda, problemas pessoais dos juízes, seus direitos, garantias, vantagens, deveres e responsabilidades. E visará a assegurar o devido prestígio à instituição judiciária, que no regime da Constituição, se reconhece como um dos três Poderes, independentes e harmônicos."[270]

E, num parágrafo especialmente inspirado, o ministro Alckmin traça o ideário da reforma que se sonha realizar; um

---
[270] "Reforma do Poder Judiciário (Relatório elaborado pelo Supremo Tribunal Federal)", Op. cit., p. 8.

Com o presidente Ernesto Geisel

Por ocasião de sua posse no Supremo Tribunal Federal, em 1972

Os amigos, na posse no STF

Com o governador Laudo Natel, por ocasião da homenagem por sua nomeação para o STF

Cerimônia em homenagem à sua nomeação para o STF, realizada no Círculo Militar, em São Paulo

Visita do presidente Jimmy Carter ao STF, em 1978

Ministros do STF, por ocasião
do 150º aniversário de criação do Tribunal (1978)

Com D. Anita e os filhos José Eduardo, José Geraldo, Heloísa, Maria Lúcia e Aneliese, em janeiro de 1978

Numa das viagens de férias, com D. Anita e José Augusto

No dia 05/11/78, com D. Anita, José Eduardo e José Augusto

ideário identificado mais com a noção de Justiça e com os direitos e necessidades do homem e da sociedade do que com os interesses corporativos. Afirma ele:

> *"A extensão da pesquisa realizada corresponde à idéia de que a reforma do Poder Judiciário deve ser encarada em profundidade, sem se limitar a meros retoques de textos legais ou de estruturas. Quer-se que o Poder Judiciário se torne apto a acompanhar as exigências do desenvolvimento do país e que seja instrumento eficiente de garantia da ordem jurídica. Quer-se que se eliminem delongas no exercício da atividade judiciária. Quer-se que as decisões do Poder Judiciário encerrem critérios exatos de justiça. Quer-se que a atividade punitiva se exerça com observância das garantias da defesa, com respeito à pessoa do acusado e com a aplicação de sanções adequadas. Quer-se que à independência dos magistrados corresponda o exato cumprimento dos deveres do cargo. Quer-se que os jurisdicionados encontrem, no Poder Judiciário, a segura e rápida proteção e restauração de seus direitos, seja qual for a pessoa ou autoridade que os ameace ou ofenda."*[271]

Tratava-se, sem dúvida, de um ideário amplo e ambicioso que, fundamentalmente, visava restaurar a credibilidade do Poder Judiciário diante da sociedade brasileira, valorizar o trabalho dos magistrados, estabelecer bases sólidas para a manutenção de um estado de direito o mais democrático e equitativo

---

[271] Idem.

possível. Para tanto, como o próprio relator anunciava na primeira parte de seu texto, várias mudanças, algumas inclusive radicais, seriam necessárias. Dentre elas, a supressão dos Tribunais de Alçada, a criação de cortes administrativas, fiscais e previdenciárias; a fixação de melhores ganhos e vantagens para os juízes; a instauração de cursos ou institutos de preparação para a magistratura; o estabelecimento de um Conselho Nacional da Magistratura; a edição de uma Lei Orgânica da Magistratura que explicitasse prerrogativas, direitos e garantias dos juízes.

Em várias dessas propostas emergiam antigas posições de Rodrigues de Alckmin. A referente aos Tribunais de Alçada fora por ele defendida, sem resultados positivos, perante os juristas encarregados da elaboração da Constituição promulgada em 24 de janeiro de 1967. Acreditava que tais tribunais, ao mesmo tempo que desmotivavam os juízes no desenvolvimento de sua carreira, contribuíam para elitizar e isolar ainda mais os já inatingíveis Tribunais de Justiça. Em relação à preparação ética e profissional dos juízes, Alckmin a via como uma necessidade premente, dentre outras coisas, para o combate à proliferação de pleitos e morosidade da Justiça.

> *"O recurso ao Judiciário não é encarado pelos profissionais menos aptos como solução derradeira dos conflitos de interesses, depois de estudo dos justos limites das pretensões – comentava ele em seu relatório. As demandas, as contestações, os recursos manifestamente infundados ou temerários são postos tranqüilamente na tela judiciária e*

não encontram corretivo eficaz: aceitam-se como atividades normais da profissão."[272]

Por outro lado, de pouco valeria uma esmerada e sólida formação ética e profissional, se não se acenasse aos magistrados com vencimentos condizentes e estímulos à carreira, coisa que a própria Constituição de 1967 havia dificultado.

Evidentemente, como não podia deixar de ser, o "Diagnóstico" e a "Proposta de Reforma" suscitaram inúmeros debates e críticas, que José Geraldo fez questão de acolher e discutir. Através de cartas, palestras, debates realizados em várias partes do país, Alckmin procurava abrir o maior espaço possível para esclarecer suas idéias e ponderá-las à luz das interpelações. Em maio de 1975, em palestra realizada no Conselho Técnico de Economia, Sociologia e Política da Federação do Comércio do Estado de São Paulo, colocava:

"As reações, favoráveis ou desfavoráveis à idéia de uma ampla reforma ou a específicos problemas suscitados eram aguardadas. A alguns parece que o Poder Judiciário, no Brasil, não reclama reforma profunda. Funciona bem, normalmente. Não há, pois, alterar-lhe o regime em que se acha. Antes, as leis é que, pela sua multiplicidade e deficiente redação, embaraçam o regular desempenho da função jurisdicional. É certo, entretanto, que há uma crise de ordem jurídica interna, que contribui para a morosi-

---
[272] Idem, p. 9.

*dade ou para a ineficácia na aplicação do Direito."*²⁷³

"É certo também", continuava ponderando Alckmin, que tais problemas "não se removerão com a só reforma do Poder Judiciário", porém, "sem ela não se estaria dando o sequer primeiro passo."

As críticas, que a princípio eram apenas acerbas, foram logo tomando dimensão de hostilidade, principalmente da parte daqueles que sentiam seus interesses e privilégios abalados.

*"Começou a sorver, então, o cálice de amarguras – relata Henrique Fonseca de Araújo –, representadas pelas incompreensões, pelas críticas agressivas, quase injuriosas, pelas malquerenças que ia conquistando, mas jamais lhe pudemos surpreender, em qualquer momento, uma manifestação sequer que não fosse de compreensão e de perdão para os críticos de sua obra."*²⁷⁴

Nesse contexto, o golpe mais doloroso – talvez porque menos esperado – lhe adviria dos seus "mais chegados"; de alguns desembargadores do Tribunal de Justiça de São Paulo. Segundo conta seu sobrinho José Floriano, na época seu secretário particular:

"Ele teve um grande desgosto com o Tribunal nessa época... Eu acompanhei isso muito de perto. Ele quis moralizar uma série de coisas nos Tribunais, não especificamen-

---
²⁷³ ALCKMIN, José Geraldo R. de, "Observações sobre a Reforma do Poder Judiciário" in *Revista Forense*, Vol. 254, p. 7.
²⁷⁴ Palavras de Henrique Fonseca de Araújo, ibid.

*te São Paulo, pelo contrário – acho que São Paulo era um dos Tribunais mais bem organizados do Brasil – mas sempre há um ou outro detalhe... A idéia dele, ao ser procurado para elaborar um projeto de Lei, que hoje é a Lei Orgânica da Magistratura, era, partindo da sua experiência aqui no Tribunal de São Paulo, realizar uma grande reforma e isso realmente desgostou alguns colegas dele na ocasião. Idéias como, por exemplo, avaliação da produção: apresentar processos em atraso com planilha e uma série de coisas que desembargador não tinha a quem prestar contas e que hoje exige a publicação no Diário Oficial. Agora, mensalmente, é publicada uma espécie de planilha em que constam os processos que receberam, quantos votos foram proferidos etc... Tudo isso foi originado na Lei Orgânica da Magistratura, feita por ele e pelo então procurador geral da República da época. Muito bem, isso a ele causou um grande desgosto... Tem até um episódio que eu diria grotesco. Toda vez que ele vinha para São Paulo de Brasília, o Tribunal sempre punha à disposição dele um carro aqui do Tribunal, ele ia até a casa da minha mãe etc... A partir desse episódio da Lei Orgânica, essa cortesia foi suprimida da noite para o dia. Ele chegou ao aeroporto, não havia mais o carro... Penso que foi uma forma grosseira de represália... E como esse, outros episódios.
Eu acho que isso até pode ter sido um fator de agravamento de seu estado de saúde. Sem dúvida, foi uma decepção para ele... Com certeza ele não esperava esse tipo de represália, de contestação, por parte daqueles que um ano, dois*

anos antes haviam sido colegas de trabalho direto dele."[275]

O que lhe doía não eram as discordâncias e as críticas, pois ele, mais do que ninguém, reconhecia a validade e mesmo positividade de visões múltiplas sobre todas as questões temporais – ainda mais em tema tão complexo como esse. O que lhe decepcionava, entretanto, era a forma como essas discordâncias eram colocadas, misturando as esferas e resvalando do âmbito das idéias para o âmbito pessoal.

Como bem coloca Henrique de Araújo, José Geraldo, ainda que decepcionado, não se deixou levar pela amargura e ressentimento. Coerente com seus princípios e postura cristã, procurou perdoar e relevar.

"Percebia-se que ele se esforçava por não dar muita importância ao acontecido. Não ficava amargurado, reclamando. Nós notávamos que tudo aquilo tinha lhe abalado, mas ele não deixava transparecer. Não falava mal de ninguém, não cobrava... Quando nós dizíamos alguma coisa, indignados, ele respondia que no lugar da pessoa ele não sabia se não agiria da mesma forma..."[276]

Só um ano e meio depois da elaboração do "Diagnóstico", ou seja, em novembro de 1976, é que a proposta foi encaminhada ao Congresso Nacional. Na oportunidade, o ministro da Justiça, Armando Falcão, esclarecia que, com apoio no "Diagnóstico", o prof. Henrique Fonseca de Araújo, procurador-

---
[275] Entrevista com José Floriano de Alckmin Lisboa, ibid.
[276] Entrevista com Maria Lúcia Alckmin, ibid.

geral da República, elaborara anteprojeto que, submetido à prévia avaliação do presidente da República, fora, por recomendação deste, levado ao exame de Rodrigues de Alckmin, fixando-se, a partir daí, as bases do projeto enviado ao Legislativo. Estabeleceu-se então acesa polêmica em torno da proposta governamental. Como conta Dinio Garcia:

> *"Não foram muitas as vozes que se ergueram em seu favor. A crítica, porém, não se apresentou como peça monolítica, e sim como união de contrários, a lembrar, em muitos pontos, o movimento da dialética hegeliana.*
> *Assim é que a alguns a reforma parecia de uma audácia vizinha da temeridade, trazendo em seu ventre medidas capazes, até, de ferir mortalmente o regime federativo. Mas também havia quem a julgasse tímida, por não abranger uma completa reformulação dos órgãos de primeira instância.*
> *A extinção dos Tribunais de Alçada foi combatida ardentemente, competindo seus defensores no elogio à eficiência dessas Cortes e ao valor dos seus integrantes. Entretanto, vozes se levantavam postulando o rebaixamento desses tribunais, que desejavam fossem privados de autonomia de que sempre desfrutaram, no concernente à organização das secretarias e provimento dos respectivos quadros. Não faltou até quem propusesse que a designação dos seus presidentes coubesse aos Tribunais de Justiça."*[277]

---

[277] GARCIA, Dinio de Santis, Op. cit., p. 48.

O acalorado debate foi abruptamente interrompido, em abril de 1977, quando o presidente Geisel, no tumultuoso processo de idas e vindas da "abertura democrática", decretou o famoso conjunto de medidas conhecido como "Pacote de Abril", promulgando a Emenda Constitucional número 7, que impunha ao mesmo tempo em que desfigurava a Reforma do Judiciário.

José Geraldo sentiu-se particularmente atingido, pois o conteúdo da emenda destoava fortemente do projeto que estava sendo discutido no Legislativo. A mão forte e arbitrária da ditadura fez-se sentir duramente.

"Quando veio o 'Pacote de Abril', em 1977 – conta José Eduardo Alckmin –, ele ficou muito aborrecido... Ficou tão aborrecido que na véspera da decretação do recesso do Congresso ele disse: 'Vamos viajar'... E então nós pegamos o carro e viemos para São Paulo, onde ficamos uns três dias, e depois seguimos para Guaratinguetá..."[278]

De novo, entretanto, a recuperação e reação não tardaram a vir. José Geraldo, acalmados os ânimos, voltou à luta, desta vez trabalhando no anteprojeto da Lei Orgânica da Magistratura, ponto essencial da Reforma do Judiciário que não havia sido contemplado na emenda promulgada em abril. Mais uma vez, conta Dinio Garcia, "nova e mais grave decepção o aguardava".

---

[278] Entrevista com José Eduardo Alckmin, ibid.

O trabalho original foi encaminhado a juristas até hoje não identificados e a órgãos burocráticos que, através de supressões e acréscimos despropositados, deformaram-no por completo.[279]

"José Geraldo lamentou profundamente, mas nem suas declarações pessoais e nem mesmo as evidências claras entre o projeto e a lei bastaram para convencer 'os espíritos apaixonados que ansiavam por condená-lo, fosse por suas idéias, fosse pelas que jamais tivera.'"[280]

De tudo isso, José Geraldo foi tirando uma grande lição: desapego. Trabalhou e continuaria trabalhando, até o fim dos seus dias – como de fato ocorreu –, por aquilo que considerava certo e justo, porém sem se apegar aos resultados, às vitórias. Em sua mesa de cabeceira, num livrinho pequeno, porém denso, composto de 999 pontos em forma de aforismos para meditação, podia ler:

"Fracassaste! – Nós nunca fracassamos. – Puseste por completo a tua confiança em Deus. Não omitiste, depois, nenhum meio humano. Convence-te desta verdade: o teu êxito – agora e nisto – era fracassar. – Dá graças ao Senhor e... torna a começar!"[281]

---

[279] GARCIA, Dinio de Santis, Op. cit., p. 50.
[280] Idem, p. 51.
[281] S. JOSEMARIA ESCRIVÁ, *Caminho*. São Paulo, Quadrante, 2000, ponto 406.

NA PRESIDÊNCIA DO TSE

Como se não bastasse, em meio a toda essa agitação, um novo cargo, com um novo e complicado desafio, seria atribuído a José Geraldo Alckmin: a presidência do Tribunal Superior Eleitoral. Alckmin já atuava nesse tribunal, como juiz substituto, desde abril de 1973. Em 1975 foi nomeado efetivo e a 7 de novembro de 1977, em pleno rescaldo do "terremoto" de abril, era eleito presidente. Sua escolha foi celebrada pela imprensa, num momento delicado do processo de abertura política. Seu discurso de posse, considerado por muitos um marco no caminho da redemocratização, pontuava os ideais democráticos numa dimensão muito mais ampla do que a estritamente eleitoral:

> *"A idéia democrática, em sua realidade, nem sempre integralmente traduzida nos textos do direito positivo, não se restringe à simples idéia da escolha dos governantes pelos governados. {...} A democracia é primeiramente social, moral, espiritual e secundariamente política. É uma filosofia de vida, tanto quanto uma teoria de governo, inspirada por um conceito nobre de indivíduo, da dignidade da pessoa, da respeitabilidade dos seus direitos, das exigências de suas potencialidades para um desenvolvimento normal."*[282]

---

[282] Apud REALE, Miguel, discurso em homenagem ao Min. José Geraldo R. de Alckmin na Sessão de 20 de março de 1979 do Tribunal Superior Eleitoral in *Diário da Justiça*, 27 de novembro de 1979.

Num cenário político de transição um tanto nebuloso e animoso, Alckmin apresentava luzes que apontava horizontes mais vastos do ideário democrático ao qual se almejava. Estando ele mesmo sofrendo "na carne" o aguilhão da arbitrariedade, percebia que falar em democracia sem levar em conta dimensões mais profundas da cultura, da sociedade e da educação humana significava construir no vazio.

Julgando com o rigor e brilhantismo de sempre, sua atividade no TSE esteve marcada por decisões importantes e arrojadas. Seu voto de maior repercussão foi o que negou o recurso da Arena contra o registro da candidatura ao Senado do então professor Fernando Henrique Cardoso pelo MDB de São Paulo. "Foi ele quem, desempatando a votação e se sobrepondo a todos os debates, decidiu pela manutenção do registro, salvando o candidato paulista", apontava matéria do *Jornal do Brasil*, publicada um dia após a sua morte.[283]

> *"Em rápidas palavras – explica o artigo – justificando o voto, disse que acatava a tese defendida pelo ministro Leitão de Abreu, de que não se podia aplicar a mesma pena de inelegibilidade a todos os punidos pelo AI-5, sendo de justiça adotar um critério de gradação, em que os prazos de inelegibilidade fossem determinados de dois a dez anos. Punido apenas com a aposentadoria, Fernando Henrique Cardoso não poderia ter seus direitos políticos*

---

[283] "José Geraldo Rodrigues de Alckmin; Um reformador do Judiciário". *Jornal do Brasil*, 8/11/1978, caderno B.

suspensos por dez anos, o mesmo prazo de um demitido ou cassado."[284]

A Arena recorreu da decisão e o processo seguiu para o STF, onde Alckmin deveria novamente defender seu voto. Isto, porém, não foi possível, pois José Geraldo acabou por falecer nesse ínterim.

De qualquer forma, esse seu último voto surpreendeu a todos os que assistiam ao julgamento e também aos seus colegas do Supremo.

"Na ocasião – conta José Eduardo Alckmin – Pedro Gordilho, também ministro do TSE, que votou a favor de Fernando Henrique, recebeu de meu pai um bilhetinho que, mais ou menos, dizia o seguinte: 'Depois deste voto vão lhe mandar uma ficha de filiação do PCB'. Isso foi um dos últimos votos dele... Quando o caso chegou ao Supremo ele já tinha falecido..."[285]

Sempre com o mesmo espírito brincalhão e jovial, Alckmin se preparava para a próxima batalha no Supremo, mas, ainda que tentasse disfarçar, o corpo já dava mostras de que não ia resistir por mais tempo.

Alckmin, desde a juventude, sempre teve uma saúde mais frágil.[286] Ainda em seus tempos de advogado em Valparaíso,

---
[284] Idem.
[285] Entrevista com José Eduardo Alckmin, ibid.
[286] Cf. entrevista com D. Anita Rangel Alckmin, ibid.

tinha tido uma intercorrência coronária leve, que, segundo ele mesmo, "não inspirava maiores cuidados". Depois, com o tempo, os problemas foram se avolumando e ficando mais sérios. Sendo juiz do Tribunal de Alçada, sofreu um pequeno infarto e, pouco mais tarde, na época da Corregedoria, outro. Apesar disso, procurava "levar tudo com muita naturalidade".[287] O excesso de trabalho, de preocupações e pressões, contudo, veio a agravar o quadro. Não era desleixado em relação à sua saúde, mas procurava guardar uma "prudente distância" dos médicos.[288] Quando indagado sobre o assunto, costumava dizer que "ia ao médico porque este precisava viver e comprava remédio por causa do farmacêutico."[289]

Quando chegou ao Supremo e, mais ainda, depois que se envolveu na questão da Reforma do Judiciário e da Lei Orgânica da Magistratura, o estado de sua saúde foi se deteriorando rapidamente. Somando-se ao problema coronário, veio a diabetes, além de outras complicações. Poucos dias antes de falecer, veio a São Paulo, a mando do médico, para fazer um exame ergométrico. Ao chegar em casa, indagado pelo resultado, respondeu, em tom muito próprio: "Corri sozinho, cheguei em último e ainda fui desclassificado!"[290] De fato, os resultados não eram nada alentadores. Mas Alckmin, para tranqüilizar os fi-

---
[287] Depoimento de José Maria Córdoba, ibid.
[288] Cf. Henrique Fonseca de Araújo, ibid.
[289] Entrevista com Aneliese Alckmin herrmann, ibid.
[290] Palavras de Henrique Fonseca de Araújo, ibid.

lhos, comprometeu-se a seguir rigorosamente as prescrições médicas e tomar todas as precauções. Intimamente, entretanto, sabia perfeitamente que se aproximava da morte.

"Eu acho que ele tinha para si que a sua missão já estava concluída... Dos filhos, só não tinha ainda se formado o José Augusto, mas já estavam todos encaminhados... Por outro lado, ele não via assim com muita alegria os rumos do mundo, do país... A questão da reforma do Judiciário, que tanto trabalho tinha dado..."[291]

Em nenhum momento, porém, José Geraldo pareceu desenvolver uma postura derrotista, seja diante da vida ou diante da morte. Encarava esta com serenidade e até senso de humor. Certa feita, conta Henrique Fonseca de Araújo,

"Voltando a insistir na necessidade de que cuidasse de sua saúde, contestou-me ele, com a mais absoluta serenidade, que resumia a sinceridade e a profundidade de sua fé: 'Mas, dr. Henrique, se eu acredito que a vida de lá é muito melhor do que a daqui, por que vou me preocupar em permanecer mais tempo nesta última?'"[292]

Era a vivência do desapego, da simplicidade e da fé cristã levada às últimas conseqüências, com sabor de brincadeira.

"Foi na última quinta-feira de sua vida, à hora do chá.

---

[291] Entrevista com José Eduardo Alckmin, ibid.
[292] Cf. entrevistas com José Augusto e José Eduardo Alckmin, ibid.

Pálido, lábios com tonalidade arroxeada, voz algo dificultada pela respiração, Rodrigues de Alckmin comentou comigo, em tom perpassado de suave nostalgia, que a maldita da asma, companheira surgida não havia muito, não lhe permitira, minutos antes, sustentar, como queria, voto que lhe fora contraditado.

Confesso que foi somente nesse momento que tive a percepção exata de que o coração, realmente, não lhe ia bem. Sua despreocupação com a saúde, a maneira filosófica de encarar a vida, tendo sempre presente nos lábios palavras de bom humor, seu cepticismo pela medicina, a disposição infatigável para o trabalho – tudo isso, fruto, sem dúvida, da admirável fé religiosa que lhe dominava a alma, nos mantinha a nós, seus amigos do convívio quotidiano, se não iludidos da gravidade do mal que lhe ia minando, pelo menos confiantes de que ainda o teríamos por longo tempo.

Aproximava-se, porém, o fim. Hoje, com a inexorável verdade da morte a afastar ilusões, podemos perceber que ele não estava ironizando, quando, vez por outra, parecia pressenti-la. Aprendera, ao longo de sua magistratura, a dominar a exteriorização das emoções, mas não se enganava a si mesmo."[293]

Sem dramaticidade, que não era próprio dele; sem baru-

---

[293] Moreira Alves in "Homenagem Póstuma ao Sr. Ministro Rodrigues de Alckmin", Op. cit., p. 461.

lho e com senso de humor, José Geraldo foi-se despedindo e, de certa forma, avisando os parentes e amigos mais próximos, como se os estivesse preparando. Depois do sucedido, vários deles reconheceram, nas últimas palavras que trocaram, o selo indelével da despedida. Foi assim com sua filha Maria Lúcia; foi assim com o pároco da igreja que costumava freqüentar em Brasília.

A dois dias de morrer, José Geraldo começou a se queixar de que não andava muito bem; de que não estava conseguindo dormir etc. Fazia pouco tempo que o médico lhe tinha trocado o remédio, mas mesmo assim resolveu ligar de novo para o dr. Ari, médico do STF, para ver se podia trocar novamente. Dona Anita havia ido para São Paulo, visitar as filhas, e José Geraldo estava acompanhado apenas dos filhos. José Eduardo, de forma muito vívida, recorda-se de suas últimas horas de vida:

> *"Eu me lembro que no dia em que ele morreu o almoço foi excepcionalmente longo. Ficamos conversando até umas três e meia da tarde. À noite, depois do jantar, ficamos, como de costume, assistindo televisão, por pouco tempo. Ele então se queixou de que estava cansado e disse que ia se deitar. Era cedo, devia ser umas oito e meia, nove horas... Estava terminando o* Jornal Nacional. *Depois de um tempo ele se levantou, foi até a cozinha e passou pela sala... Eu estava lendo a* Veja, *uma matéria que, de forma dissimulada, divulgava resultado de pesquisa eleitoral, o que era proibido. Como ele passou pela sala, eu co-*

mentei com ele: olha, pai, isso aqui... e mostrei a revista para ele, mas ele não quis nem ver e então eu percebi que ele estava incomodado. Ele foi até o escritório e começou a bater à máquina. Pouco tempo depois ele voltou e disse: 'olha, liga para o hospital e pede uma ambulância porque eu não estou me sentindo nada bem...' Percebi então que ele estava pálido tal qual um defunto. Corri para o telefone e liguei 190 para pedir uma ambulância o mais rápido possível e depois peguei uma cadernetinha do Supremo em que havia os telefones dos médicos do Tribunal. Então um deles me mandou encaminhá-lo para o Hospital de Base, que ele já estava indo para lá. Eu então liguei também para um amigo que morava lá perto, Carlos Caputo Bastos, na época sócio do escritório, hoje ministro do TSE, e pedi para ele me dar uma mão, caso precisássemos carregá-lo ou algo assim. Ele veio e logo depois chegou a ambulância. Ele foi com o papai na ambulância enquanto eu ia trocar de roupa, porque estava de pijama. Quando cheguei ao hospital ele já estava sendo medicado e eu vi o médico do Supremo conversando com o do hospital e falando: 'Dá o tal remédio...' – 'Mas eu já dei...' – 'Dá de novo...' Aí percebi que a coisa era tão complicada que os próprios médicos estavam se desentendendo. Ele se queixava de dor e que não conseguia respirar direito. O médico do TSE então falou, depois da nova dose de remédio: 'Se o senhor sentir qualquer desconforto, o senhor avisa'. E ele respondeu, tentando agir com humor: 'Pois não' – acentuando a desnecessidade da óbvia recomendação... Logo a

seguir, disse 'Estou sentido uma tontura'. Os médicos se agitaram, pois ocorria uma parada cardíaca. Ele, que se encontrava sentado, como forma de aliviar a falta de ar, foi rapidamente posto deitado, entubado, seguindo-se o procedimento de tentativa de reanimação com o desfibrilador, mas tudo em vão. Apesar de todo esse quadro de horror, me veio repentinamente à cabeça a idéia de tomar uma providência que certamente seria sua última vontade. Pedi, então, que se chamasse o sacerdote de plantão para ministrar-lhe a extrema-unção. Em pouco tempo, lá chegou o Padre Brusco, recentemente falecido, e, emocionado, cumpriu seu ofício. Logo em seguida ele teve uma parada cardíaca. Tentaram ressuscitar, mas já não teve como e ele acabou falecendo...
Foi o problema coronário que acabou desencadeando o edema pulmonar... O pulmão começou a encher de sangue e forçou o coração até este não suportar mais..."[294]

José Geraldo Rodrigues de Alckmin faleceu na noite de 6 de novembro de 1978. Estava com 63 anos. A notícia surpreendeu familiares, amigos, colegas e todo o país. No dia seguinte, todos os principais jornais destacavam em manchete o sucedido. Matérias de página inteira, opiniões e declarações de autoridades, juízes, ministros, explicitavam consternação e pesar. Seu corpo foi velado no salão nobre do Supremo Tribunal Federal e logo transferido para a Base Aérea de Brasília, de

---

[294] Entrevista com José Eduardo Alckmin, ibid.

onde, em avião da FAB, seguiu para Guaratinguetá. Ali, de acordo com seu desejo, foi sepultado. Estiveram presentes, no velório e no enterro, além de familiares e amigos, centenas de políticos, magistrados e autoridades governamentais, dando ao evento uma significação nacional.

Homenagens, votos de pesar, mensagens foram pronunciadas em inumeráveis fóruns, câmaras, tribunais, universidades, associações, prefeituras de todo o país. E, em muitas delas, nota-se, para além dos formalismos, característicos dessas ocasiões, manifestações sinceras de pesar e emoção.

José Geraldo Rodrigues de Alckmin foi, sem dúvida, um destes homens que deixam marcas. Marcas na história, nas instituições, nas ruas e nas praças que receberam mais tarde o seu nome. Mas as marcas mais importantes foram aquelas que ele deixou no coração de muitas pessoas. De pessoas que o conheceram e também de pessoas que não o conheceram pessoalmente, mas que, de alguma forma, sentiram o seu influxo, a sua influência.

Seja como sábio, seja como santo, ou como os dois ao mesmo tempo, José Geraldo Rodrigues de Alckmin é alguém cuja memória, nestes tempos tão tumultuados e desorientados em que vivemos, merece e deve ser perpetuada. Que ele continue assim a deixar marcas tão fecundas quanto as deixadas nos que tiveram o privilégio de o conhecer em vida.

Entrevistas e depoimentos

As pessoas abaixo relacionadas em ordem alfabética contribuíram de forma decisiva para a elaboração deste livro, fornecendo informações que só têm registro na memória e não em fontes escritas. A todas elas, deixamos consignados os nossos agradecimentos.

- Aimone Summa
- Ana Maria Rangel Alckmin
- Aneliese Alckmin Herrmann
- Bruno Afonso André
- Darcílio Araújo de Castro Rangel
- Emérico da Gama
- Esther de Figueiredo Ferraz
- Geraldo José Alckmin Filho
- Guelfo Gibelino Pescuma
- Hélio Bicudo
- Heloísa Alckmin de Carvalho
- Heloísa Helena Alckmin Nogueira

- Ives Gandra da Silva Martins
- João Rodrigues de Alckmin Jr.
- José Augusto Rangel de Alckmin
- José Eduardo Rangel de Alckmin
- José Floriano de Alckmin Lisboa
- José Geraldo Rodrigues de Alckmin Filho
- José Haroldo de Oliveira e Costa
- José Maria Córdoba
- Lenita Alckmin
- Maria Lúcia Rangel de Alckmin
- Maria Prudência de Vasconcellos Rezende
- Marilena Alckmin de Abreu
- Nelson Fonseca
- Paulo Restiffe Neto
- Pedro Barbosa Sobrinho
- Sebastião Fernando Araujo de Castro Rangel
- Wilson Ruiz